En tu centro: el Enneagrama

Colección «PROYECTO»
33

Maite Melendo

Reyes 6/01/13

De Maitetxu para Anita.
Espero que te interese!
Te quiero mucho, Maite

EN TU CENTRO:
EL ENNEAGRAMA

Un método de autoconocimiento,
autoaceptación y mejora
de las relaciones interpersonales

(9ª edición)

Editorial SAL TERRAE
Santander

© 1997 by Editorial Sal Terrae
Polígono de Raos, Parcela 14-I
39600 Maliaño (Cantabria)
Fax: (942) 36 92 01
E-mail: salterrae@salterrae.es
http://www.salterrae.es

Con las debidas licencias
Impreso en España. Printed in Spain
ISBN: 978-84-293-1103-7
Dep. Legal: BI-2891-2011

Fotocomposición
Didot, S.A. - Bilbao
Impresión y encuadernación:
Grafo, S. A. - Bilbao

Índice

SEGUNDA PARTE
EL YO ESENCIAL,
O MI YO CENTRADO

A todos los que con vuestra participación en los cursos me habéis ayudado, sin saberlo, a escribir este libro.

Tal vez reconozcáis vuestros propios casos, aunque vuestros nombres los he cambiado por otros para que no seáis reconocidos más que por vosotros mismos.

Gracias por vuestra cooperación y vuestro aliento. Realmente habéis sido vosotros los que me habéis animado a escribir.

MAITE MELENDO

Introducción

Cómo leer este libro

Tienes en tus manos un libro peculiar. No puedes leerlo como cualquier libro, simplemente empezando por el principio y siguiendo hasta el final. Eso sería lo más normal para una mente occidental.

El Enneagrama, en sus orígenes, es oriental. Por eso mi estilo de escritura es más circular que rectilíneo. Explico el Enneagrama como en nueve círculos concéntricos. Cada círculo, aunque aparentemente resulte algo repetitivo, a la vez va profundizando cada vez más en lo ya expuesto.

El objetivo es llegar al conocimiento profundo de los nueve tipos de personalidad que describe el Enneagrama. Al conocerlos, descubrirás cuál de ellos describe mejor tu manera de ser. Cuando creas que te has identificado, leerás dando marcha atrás y yendo de un capítulo a otro, buscando las descripciones de las distintas facetas de tu personalidad.

El objetivo del Enneagrama es el propio conocimiento. Aunque creas que ya te conoces suficientemente, el Enneagrama te dará un nuevo enfoque para tu conocimiento personal y te dará una nueva nomenclatura para aspectos tuyos ya conocidos por ti.

Al adentrarte en la lectura y el conocimiento del Enneagrama, te adentras en un proceso interior de observación de ti mismo, de tus comportamientos y de tus motivaciones.

Léelo despacio, pausadamente. El objetivo no es el conocimiento del Enneagrama, sino tu propio descubrimiento y conocimiento interior a la luz de esta sabiduría antigua, anterior al Cristianismo.

Te sorprenderá verte tan bien descrito. Al principio te parecerá que reúnes características de los nueve tipos de personalidad. Sigue leyendo y releyendo cada personalidad hasta que vayas identificando cuál es tu *rasgo fundamental*, lo más característico tuyo, y te sorprenderá comprobar cómo, después de un tiempo de cierta confusión, terminas identificándote con uno de los nueve tipos en particular.

Cuando te hayas identificado, lee y relee ese tipo hasta que lo captes en profundidad. Puedes encontrar en su estudio respuesta a muchos de tus interrogantes acerca de ti mismo.

El Enneagrama te ayudará no sólo en el conocimiento propio, sino en el conocimiento de personas allegadas a ti. Llegarás a entenderlas mejor y a comprender cosas de ellas que a veces te resultaban difíciles de comprender. Al comprenderlas a ellas y a ti mismo, te será más fácil aceptarlas y aceptarte.

Éste es otro objetivo del Enneagrama: la aceptación. No se acepta ni se ama lo que no se conoce. La aceptación y el amor surgen del conocimiento.

Notarás también, como fruto de esta lectura, una mejoría en tus relaciones interpersonales, como consecuencia de ese conocimiento que lleva a la aceptación.

Espero que después de la lectura de este libro no sólo te conozcas mejor a ti mismo y a los tuyos; confío sinceramente que también crezcan tu autoestima y el aprecio sincero de aquellos con los que convives.

Del conocimiento propio surgen la autoestima y el deseo de superación. Éste es otro fruto de la lectura y conocimiento del Enneagrama. Al descubrir lo que es más inauténtico en nosotros, surge espontáneo el deseo de autenticidad.

La autenticidad, el ser quienes realmente somos, el potenciar ese ser que cada uno está llamado a ser, tal vez sea el objetivo principal que resume todos los otros objetivos secundarios del Enneagrama.

Breve historia del Enneagrama

Se cree que el Enneagrama tiene sus orígenes, hace más de 2.000 años, en lo que es hoy día Afganistán. Esta antigua sabiduría fue recogida y transmitida por los maestros Sufíes. El Sufismo es la rama mística del Islam.

Los maestros iluminados, conocedores del sistema completo, no lo daban a conocer en su totalidad. Cuando el discípulo se acercaba en busca de la iluminación, el maestro sólo le daba a conocer aquello que correspondía a su tipo concreto de personalidad.

A principios de nuestro siglo, el científico ruso Gurdieff habla a sus alumnos de un sistema de nueve puntos, pero no menciona el nombre del Enneagrama. Su discípulo Ounspensky, que recogió por escrito las enseñanza de Gurdieff, en su obra «Fragmentos de una Sabiduría Desconocida» tampoco cita el nombre del Enneagrama como un sistema muy antiguo, ni entra a fondo en su estudio.

Se debe al boliviano Óscar Ichazo el conocimiento del Enneagrama tal como lo hemos recibido hoy. Ichazo prometió no revelar el nombre de la persona que le transmitió a él esta antigua sabiduría.

Óscar empezó, hacia 1960, a impartir clases sobre el Enneagrama en el Instituto de Psicología Aplicada de Santiago de Chile.

Años más tarde, en 1970, participaron en estos cursos algunos miembros del Esalen Institute of Big Sur, de California. Entre estas personas estaban Claudio Naranjo y Robert Ochs, S.J. Ochs, profesor en la Universidad jesuítica «Loyola», de Chicago, introdujo el Enneagrama en sus cursos sobre Experiencia Religiosa. Junto con otros jesuitas y expertos en dirección espiritual y espiritualidad ignaciana, comprobaron la validez del Enneagrama a la luz de su propia experiencia, y pronto incorporaron el aprendizaje del Enneagrama en sus cursos de formación en psicología y espiritualidad en sus Centros.

Yo asistí por primera vez a un seminario del Enneagrama en Ohio, en el Jesuit Renewal Center de Cincinnati, en el verano de 1980, con monitores que lo habían trabajado directamente con Robert Ochs. Concretamente, mis maestros del Enneagrama han sido Gerry Hair, Julie Murray, Helen Palmer y María Beesing, con los que todavía sigo en contacto, profundizando en mi propio crecimiento y formación a la luz del Enneagrama.

A estos seminarios acudíamos personas de distintas nacionalidades. Así fue como, una vez más, los norteamericanos dieron a conocer al mundo entero una sabiduría hasta entonces conocida sólo por unos pocos.

El Enneagrama, hasta estos años, se había transmitido exclusivamente por tradición oral entre los maestros Sufíes.

Los primeros libros publicados sobre el Enneagrama han sido escritos por maestros o condiscípulos míos, y son todos de muy reciente publicación. Estas obras, a cuyos autores conozco personalmente, las cito al final como bibliografía que sugiero a todo el que quiera ampliar y profundizar sus conocimientos sobre el Enneagrama.

Con gran resistencia personal, me pongo a escribir un libro sobre el Enneagrama. Mi intento ha sido mantener la transmisión oral del Enneagrama en los cursos que inicié en Madrid el año 1987. Ante la persistente insistencia de los participantes en los cursos, no tengo más remedio que poner por escrito el contenido del Enneagrama.

Significado de la palabra «Enneagrama»

Antes de seguir, quiero decir el significado de la palabra Enneagrama. Del griego ennas = 9 y grammos = puntos. Nueve puntos de una circunferencia.

La circunferencia, figura geométrica perfecta, hecha, como toda línea, de una sucesión de puntos, quiere representar la totalidad del ser. Cada uno de los nueve puntos representa una manifestación concreta y parcial de ese ser total.

La energía vital, la plenitud del ser universal, fluye a través de todos los puntos que constituyen la circunferencia. En ese punto que soy yo, yo tengo el poder, la responsabilidad o la libertad de dejar que esa energía vital «fluya fluidamente» a través mío vitalizándome y energetizándome, o puedo bloquearla y obstaculizarla en mí.

Por eso, adentrarme en el conocimiento del Enneagrama es adentrarme en mi propio descubrimiento interior. Es llegar a la fuente de esa energía dentro de mí mismo y descubrir y desvelar los obstáculos y resistencias que yo mismo pongo a que esa energía fluya fácilmente en mí, para poder así vivir más plena y auténticamente.

¿Cuál es el objetivo del Enneagrama?

El objetivo del Enneagrama es el propio conocimiento, encontrar la iluminación sobre uno mismo, para así cambiar o sanar lo que necesite ser cambiado o sanado.

La creencia Sufí es que nuestra cualidad esencial, llevada al extremo, vivida en exceso, se convierte en nuestra trampa o nuestro defecto más característico.

El objetivo es encontrar el término medio, el equilibrio en mi cualidad esencial o rasgo dominante, para no exagerarla ni por exceso ni por defecto.

El Taoísmo lo expresa así: «Lo importante es no perder el centro». En esto consiste precisamente el objetivo fundamental: lograr ese difícil equilibrio o centro entre mi don o cualidad y desprenderme del exceso, que es lo que constituye mi máscara o ego.

A la luz del Enneagrama, nos vamos a observar objetivamente, vamos a descubrir la dualidad que todo ser humano vive internamente. A esta dualidad de voces o inclinaciones, que ambas proceden de mí, el Enneagrama las denomina el «yo esencial» y el «ego».

El yo esencial es mi cualidad vivida en el centro, en su justa medida. Y el ego es la exageración o distorsión de esa misma cualidad vivida descentradamente.

En la primera parte del libro vamos a examinar las nueve personalidades desde la distorsión, es decir, desde el ego. A veces las descripciones pueden parecernos exageradas e incluso caricaturescas. Esto responde a la metodología oriental propia del Enneagrama: empezamos mirando nuestra máscara para desenmascararnos. Identifico el velo que me impide ver, para quitármelo y ver nítidamente. Caigo en la cuenta de qué ataduras me impiden ser libre, para desatármelas.

Este enfoque puede parecer algo negativo a una mente occidental. Una mente oriental tan conocida como la de Tony de Mello, hindú cristiano, lo expresa así: «'¿Yo quién soy?' Cae en la cuenta de *lo que no eres* para llegar al *ser que ya eres*»*.

El Enneagrama, como otros sistemas religiosos o psicológicos, cree que llegamos a esta existencia en un estado esencial bueno —nuestro yo esencial—. Entre los 3 y 6 años empezamos ya, por

---

* A. DE MELLO, *Autoliberación interior*.

ensayo y error en nuestra interacción con el medio exterior a nosotros, a desarrollar mecanismos, comportamientos que amenazan y enmascaran nuestro yo esencial, constituyendo la máscara, el personaje, lo que en el Enneagrama vamos a denominar el «ego».

El ego es la distorsión o exageración de nuestra cualidad esencial. El ego y el yo esencial constituyen dos caras de una misma moneda, dos facetas de mi ser. Descubrir el equilibrio o el centro entre estas dos tendencias opuestas que descubro en mí es lograr la madurez del ser con la que todos soñamos y a la que todos aspiramos.

«Lo importante es no perder el Centro» (Taoísmo). Lo que nos interesa y deseamos es vivir *en el Centro*.

Los dos estados del yo: el yo esencial y el ego. Diferencias

Cuando nos adentramos en el propio conocimiento, es esencial saber distinguir los síntomas que registra todo nuestro ser (mente, sentimientos, centro visceral y nuestro cuerpo) cuando estamos *centrados*, es decir, viviendo desde nuestro yo esencial, y cuáles son los síntomas cuando estamos *descentrados*, es decir, viviendo desde el ego.

Saber distinguir y diferenciar estos síntomas característicos de los dos estados opuestos del yo es lo que llamamos «discernimiento».

A continuación voy a dar unos puntos para que cada uno pueda discernir en sí los rasgos característicos de su yo esencial y los del ego. Os sugiero que leáis los párrafos siguientes muy pausadamente, si es posible en estado de relajación y permitiéndoos sentir con todo vuestro ser las diferencias entre los dos estados:

— El yo esencial fluye en nosotros espontáneo, causando una sensación grande de libertad interior.
  El ego, por el contrario es compulsivo, como fuera de nuestro control. La sensación que deja en nosotros es de rigidez interna.

— El yo esencial es la imagen divina en nosotros. El reflejo del bien.
  El ego es la imagen diabólica o cualquier otro nombre o símbolo que exprese para nosotros el mal.

— El yo esencial es real, objetivo, auténtico.
  El ego es ilusorio, fruto de nuestra subjetividad.

— El yo esencial me hace sentir en armonía y unidad conmigo mismo y con el universo.
  El ego me hace vivir en conflicto conmigo mismo y como desgajado y desconectado del universo.

— El yo esencial lo experimento como algo muy propio mío, connatural a mi ser; es como el estado original en el que siento he nacido.

El ego no me es connatural; es más bien algo lejano, adquirido, aprendido y como añadido a mi estado natural.

— El yo esencial es estable, permanente; por el contrario, el ego es mudable, cambiante y cambiable.

— El yo esencial fluye espontáneo, es flexible y adaptable.
El ego es rígido, repetitivo, sigue un patrón determinado.

— El yo esencial es mi verdadera identidad, mi yo más auténtico y verdadero.
El ego es mi falsa identidad, como la máscara, la careta o personaje, el disfraz.

Resumiendo: el yo esencial es lo más auténtico mío, mi yo integrado, unificado, libre, en armonía, conectado con la fuente de energía, unido a la divinidad, a la esencia, a la vida.

Por el contrario, mi ego lo experimento desintegrado, dividido, falto de libertad, compulsivo, desconectado de la fuente de energía, bloqueando el fluir de la energía, desgajado de la divinidad, de la esencia, de la vida y de la luz.

PRIMERA PARTE

EL EGO, O MI YO DESCENTRADO

1
Las nueve fijaciones del ego, o nueve comportamientos compulsivos

Generalmente, aprendemos comportamientos compulsivos por repetición; esta repetición hace que dichos comportamientos *se fijen* en nosotros; por eso el Enneagrama denomina la compulsividad de cada tipo como *«la fijación»*. Óscar Ichazo describió la fijación en 1972 como «un círculo vicioso» que empieza y termina en sí; es un patrón de comportamiento tan obvio a nuestros amigos, que casi pueden predecir nuestras reacciones*.

Es fundamental que cada uno conozca su propia *fijación*, para así destruir esos patrones de comportamientos que, al ser compulsivos, son autodestructivos o, por lo menos, no nos dejan ser libres.

---

* S. KEEN, «A conversation about ego destruction with Óscar Ichazo», en *Psychology Today* 7/2 (julio 1973).

Otra manera de definir la fijación sería decir que es la distorsión, el abuso o el mal uso de la cualidad esencial propia de cada tipo.

El objetivo de que cada lector descubra su fijación es claro: la libertad. No vivir dominado por la fijación o compulsividad, es decir, *descentrado*, sino vivir guiado por la cualidad esencial de mi yo *centrado*.

Todos entendemos fácilmente qué quiere decir «compulsivo»: es algo (en este caso, un comportamiento) que se dispara automáticamente ante un determinado estímulo; podríamos decir que lo compulsivo es aquello que nos domina, más que dominarlo nosotros.

De alguna manera, lo que en nosotros se convierte en compulsivo nos aprisiona, no nos deja ser libres; es como si se descontrolara en nosotros un cierto mecanismo antes de que podamos echarle el freno.

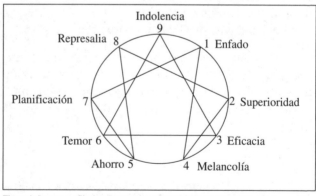

Figura 1: Las nueve fijaciones o nueve comportamientos compulsivos del ego.

FIJACIÓN 1: ego-enfado

El «ego-enfado» exige perfección de sí mismo, de los demás y del mundo que le rodea. La perfección que intenta conseguir es subjetiva, según sus propios cánones de perfección.

Al no conseguir esta perfección, se desencadena automáticamente una frustración interna o enfado hacia uno mismo, hacia los demás y hacia el mundo, ya que no cumplen con sus exigencias de perfección. Como soy muy perfeccionista, fácilmente detecto la imperfección; es como si tuviera unas antenas especiáles para detectar la más mínima imperfección. Esto me hace ser muy crítico conmigo mismo, con los demás y con mi realidad circundante.

Siento dentro de mí un juez o *crítico interno* que me está constantemente observando, analizando, criticándome y corrigiéndome. La voz de este crítico interno me impide estar tranquilamente quieto o inactivo; tengo que estar siempre activo; no puedo desperdiciar ni un minuto de tiempo; ¡todavía falta tanto que hacer para alcanzar la perfección...!

Mi crítico interno me hace repasar toda mi actividad y examinar si he actuado adecuadamente. Con frecuencia proyecto mi *crítico interno* en los demás y creo que los otros me están juzgando y criticando con la misma dureza y exigencia con que lo hago yo conmigo mismo.

FIJACIÓN 2: ego-superioridad

Soy un ayudador compulsivo. Necesito ayudar a los demás. Ayudo desde una aparente postura de superioridad: «yo tengo lo que tú necesitas; yo puedo darte lo que tú quieres»; con esta aparente superioridad estoy ocultando un gran sentimiento de inferioridad; en realidad no tengo noción de mí mismo, no me siento ni me experimento, sino en tanto en cuanto ayudo a los demás o estoy haciendo algo por ellos.

Mi gran lucha y conflicto consiste en liberarme de la dependencia tan grande que siento de los demás y ser realmente independiente. Mi dependencia de los demás consiste en que necesito su aprobación para sobrevivir; necesito que los demás aprueben mi ser y mi actuar; necesito que los demás me den permiso para ser quien soy.

Aparento independencia, porque reprimo mis necesidades y me cuesta enormemente pedir ayuda o reconocerme necesitado ante alguien, incluso ante personas muy allegadas a mí.

Lo que más deseo es sentirme libre, independiente de las demandas que los demás me imponen y de la dependencia que los demás tienen de mí; pero, a la vez, tengo que reconocer que soy yo mismo quien fomento esta dependencia, pues mi estilo de ayudar crea dependencia. No sigo el proverbio chino: «No des un pez; enseña a pescar». Yo hago todo lo contrario: no enseño a pescar, pues necesito que diariamente llames a mi puerta y me pidas un pez. Sólo así me siento yo vivo. Si ya no me necesitaras, porque hubieras aprendido a pescar por ti mismo, yo me sentiría muy mal. La gran contradicción es que, a la vez, me rebelo y me siento atosigado por la dependencia que he creado en los demás.

Cuando Mónica, una mujer de más de 50 años, hizo el Enneagrama por primera vez, se identificó con la personalidad 2. Entonces comprendió de dónde procedía esa gran agresividad que sentía hacia toda su familia. Mónica se describió a sí misma como «un limón exprimido hasta la última gota». Mónica sentía un gran enfado, porque creía que los demás la habían exprimido, y ahora descubrió que había sido ella misma y su propia necesidad la que le había llevado a dejarse exprimir por los demás. Este caer en la cuenta de su mecanismo inconsciente le hizo hacerse responsable de sí misma y ceder en la agresividad que dirigía a los que consideraba culpables de su estado lamentable de agotamiento. Había llegado a ser un limón exprimido, porque ella no sólo lo había consentido, sino que se había brindado; los demás, simplemente, aceptaban lo que ella ofrecía aparentemente gustosa. Mónica había caído en el conocido juego psicológico del triángulo:

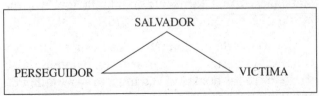

Figura 2: El juego del triángulo

Otro conflicto típico de mi personalidad es que idealizo el amor y el sentimentalismo; creo que el amor viene de fuera y no de mi interior. Me infravaloro mucho; por eso busco fuera la afirmación y la valoración de mí mismo. Una de las experiencias más horribles para mí es que alguien me rechace; entonces me siento vacío y nada; en el fondo, temo estar vacío: es como si mis acciones caritativas fueran sólo el bonito envoltorio de una caja vacía. Me siento como si no fuera nadie, o como si cesara de existir si dejo de hacer favores. De aquí nace mi necesidad compulsiva de «hacer el bien»: es mi manera de garantizar mi ser y mi existir.

De aquí procede también el que sea un adulador o piropeador compulsivo; adulo y alabo a los demás como medio de conseguir ser querido y aceptado. En el fondo, espero que los demás me correspondan también alabándome con el mismo tipo de alabanza que yo prodigo. Cuando no recibo alabanzas de los demás, me siento profundamente herido; y, a la vez, cuando me alaban, no doy casi ningún valor a esa alabanza, ya que yo mismo sé el poco valor que yo doy a las alabanzas que dedico a los demás, porque, si soy sincero, sé que mi alabanza es una forma de manipulación, ya que busco que me quieran y me aprueben, alabando.

El colmo de mi compulsividad está en que soy capaz de gastarme y desgastarme en disponibilidad y servicio a los demás, de tal manera —no teniendo en cuenta mis necesidades de descanso, por ejemplo— que sólo cuando mi cuerpo ya no puede más y enfermo, sólo entonces mi enfermedad justifica el que «me ayude» a mí mismo o me permita pedir ayuda a los demás.

Fácilmente se entiende que, como buen «2», mi ego viva siempre agobiado, presionado por las necesidades de los demás, sin tiempo para mí mismo y agotado de tanto dar.

FIJACIÓN 3: ego-eficacia

Soy una persona extremadamente activa, no puedo estar quieto ni un momento, porque lo considero una pérdida de tiempo, y el tiempo hay que aprovecharlo productivamente, eficazmente. Para mí, la eficacia y la eficiencia son algo que valoro enormemente. Soy una persona en constante productividad, eficiente y eficaz; no tolero la ineficacia en torno a mí. Siento preferencia por puestos de trabajo donde tenga que organizar el trabajo y la productividad de otras personas. Rindo mucho en el trabajo y sé hacer que los demás rindan y sean eficaces y productivos.

Siento como un exceso de energía física; soy fuerte, enérgico, atlético, vigoroso y de aspecto juvenil. Además, soy por temperamento asertivo y competitivo. Tengo dotes naturales de organización. Sé llevar a cabo proyectos eficazmente. Identifico y defino objetivos claramente y sé qué pasos he de dar para lograr mis objetivos. Soy preciso; me gusta ir midiendo los progresos y resultados de mi actividad.

A veces, mi eficacia puede resultar algo mecánica: algunos me perciben como una máquina, algo impersonal y frío, y me dicen que me identifico con mi «rol» y que no pueden ver a la persona que late y vibra detrás del «rol».

Tal vez tienen razón: me he hecho tanto a mi propio «rol» que es verdad que a veces me siento incómodo cuando tengo que actuar fuera de ese «rol». Es como si me sintiera hueco o vacío por dentro, y como si yo sólo fuera ese «rol» que tan bien he asumido. En realidad, no sé muy bien qué quiere decir estar en contacto conmigo mismo; es como si mi personalidad interior no existiese, y todo mi yo fuera sólo mi imagen pública, el «rol», o la máscara sonriente hacia fuera. Como si yo fuese un actor que representa un papel. Terminada la actuación, es como si yo no existiera, excepto en mi constante representación del papel que he asumido en mi vida.

Constantino, un alto ejecutivo de una multinacional y un gran profesional, ingenuamente y sorprendido, nos decía a los demás participantes en el curso que él en su vida casi no se había parado a mirarse a sí mismo. Tenía entonces más de cuarenta y cinco años.

Dolores, una excelente profesional de la psicología, nos confesó, justo al terminar el curso, que ella no se había descubierto a sí misma hasta el año en que cumplió los cincuenta; y que había sido su marido y no ninguna clase de psicoterapia, de las muchas que había hecho durante su larga carrera, quien le ayudó a descubrir su hasta entonces desconocida identidad.

¿Queréis saber cómo distingo en los cursos quién es un tipo «3»? Los «3» con frecuencia, a pesar de mis advertencias en contra, participan queriendo identificar a todos sus familiares y amigos, en vez de mirarse a ellos mismos. En el último curso me llegué a impacientar con la actitud de Carmela (tipo «3»), pues se interesaba en todos los tipos para identificar a su marido, hijos, amigos y compañeros; no pensaba en sí misma, parecía no interesarle lo más mínimo descubrir su propia identidad; sólo lo hizo al final, cuando yo la persuadí de que tratara de vivir el Enneagrama para ella misma. Precisamente ese no mirarse a sí misma fue lo que me dio la clave de que tal vez Carmela era un tipo «3», como así lo reconoció muy al final.

FIJACIÓN 4: ego-melancolía

Soy una persona que me siento especial, distinta de los demás en cuanto a mis sentimientos. Siento que mi capacidad de sentir es muy diferente de la de la mayoría de las personas. Creo que siento con más intensidad que los demás. Mi alegría no es una alegría común; es un gozo sublime, algo así como un éxtasis de gozo puro. Mis penas y mis tristezas no son penas y tristezas comunes y corrientes. Yo las experimento de manera trágica y dramática.

Como me vivo tan único y especial en cuanto a mis sentimientos, siento que nadie puede comprenderme, pues me parece que nadie siente con la misma intensidad que yo. Este sentimiento aumenta mi sensación de soledad y abandono. Susana, una participante en el último curso del Enneagrama, denominaba este sentimiento suyo, tan propio de la personalidad «4», «Distintidad», palabra acuñada por Susana que expresa realmente el verdadero sentir de la personalidad tipo «4».

Siento una dificultad especial en distinguir los límites entre mis sentimientos y los sentimientos de los demás, pues tiendo a hacer míos estos últimos, de tal manera que los sentimientos me desbordan.

Cuando me siento así, inundado y desbordado de sentimientos, necesito compartirlos con alguien; pero es tal la carga sentimental que experimento que me doy cuenta de que asusto a los demás, pues mi intensidad llega a desbordarles, y siento que por ello los demás me esquivan, lo cual refuerza mi sentimiento de «distintidad»: ¡Nadie me comprende! ¡Mis sentimientos son tan especiales…! ¡Me siento absolutamente solo!…

Algunos piensan que exagero y que resulto un tanto teatral. Yo no me vivo así; para mí, mis penas y tristezas son verdaderamente dramáticas. Disfruto con temas que otros consideran trágicos, como la muerte, la soledad, la pérdida y el abandono. Con estos temas me siento identificado en mis momentos de tristeza, y encuentro en ellos la oportunidad de sentir y vivir la verdadera intensidad de mi tristeza.

Siento particular predilección por momentos del día como el crepúsculo y el anochecer. En estos momentos siento que la Naturaleza siente conmigo, y esos tonos del firmamento expresan el estado interno de mi espíritu.

Otro momento que yo disfruto y que a la mayoría de las personas les disgusta es el de las despedidas; decir adiós a una persona de la que me voy a separar, o a una situación que tal vez ya no se vuelva a repetir, es una ocasión de sentir intensamente, y este sentir intenso es lo que me hace sentirme vivo. Yo transcribiría la famosa frase de Descartes diciendo: «Siento, luego existo». Cuanto mayor es la intensidad de mi sentimiento, más vivo me siento.

FIJACIÓN 5: ego-ahorro

Me gusta ahorrar; es mi característica fundamental. Acumulo y atesoro con el fin de evitar el gasto innecesario de energía, dinero, tiempo, ideas y, sobre todo, sentimientos.

Me vivo muy escaso y pobre de sentimientos.

Soy un gran observador de la vida; me doy cuenta de todo lo que sucede a mi alrededor; la mayoría de las veces, simplemente observo, pero no participo.

Me gusta observar desde un lugar seguro, protegido, y prefiero que sea escondido, para así poder yo observar sin ser observado.

La vida me parece demasiado peligrosa para involucrarme en vivirla; prefiero observarla sin comprometerme. Temo el compromiso. Prefiero mantenerme aislado, solo, con mis pensamientos y mis ideas. Cuido mucho mis espacios de soledad y protejo, a veces excesivamente, mi privacidad. Creo que a veces llego a resultar paranoico, pues experimento el interés que los demás muestran por mí como una invasión de mi privacidad. Cuando alguien me pregunta lo que siento, o se interesa por mi opinión, me gustaría poder retraerme como un caracol.

A veces siento el deseo de esconderme para no ser visto. Querría incluso hacerme invisible para que nadie me pida comprometerme o involucrarme. Y a veces parezco realmente invisible, pues entro y salgo de reuniones o encuentros sociales sin saludar y sin despedirme; permanezco en los sitios sin apenas ser visto ni oído. Soy persona de muy pocas palabras.

Mi retraimiento es realmente un grito silencioso del gran deseo y necesidad que tengo de calor y amor; pero me resulta muy difícil comunicar o expresar esta gran necesidad que siento.

FIJACION 6: ego-temor

El conflicto típico de esta personalidad es la lucha constante entre su valor o valentía y su temor o cobardía. La vida es un constante reto a su valentía.

El mundo lo experimenta el «6», al igual que el «5», como un lugar peligroso del que quisiera esconderse de la misma manera que hace el «5». La gran diferencia entre el «5» y el «6» es que el «6», en vez de esconderse, lo que hace es salir al encuentro y hacer frente a sus miedos.

El «6» se pregunta constantemente: ¿soy suficientemente valiente?, ¿igualo o supero el reto? Está probando y demostrándose a sí mismo, una y otra vez, su valentía. El caso es que el miedo real no constituye una dificultad para el «6»; el suyo es mas bien un miedo vago y difuso a un futuro que generalmente prevé catastrófico. Lleno de miedos futuribles, no reales, se dispone a hacerles frente; tanto se ha preparado para ese mañana que, cuando «mañana» llega y se hace «hoy», siempre le resulta mucho más fácil de lo que había imaginado, y no le causa el miedo que tanto había temido.

Las personas que tienen esta personalidad resultan a los demás mucho más valerosas y decididas de lo que ellas se experimentan interiormente. Antes de obrar, temen y dudan, incluso obsesivamente; pero nadie imaginaría sus dudas y temores, de no compartirlos ellos mismos. El comportamiento que se percibe desde fuera es el de personas decididas y valerosas.

La personalidad-tipo «6» siente por dentro una gran inseguridad, no tiene confianza en sí misma. Es de su propio interior de donde tiene que nacer su seguridad, pero ella la busca inútilmente fuera de sí. Tiene sus «antenas» extendidas al exterior, buscando autoridades externas, personas que confirmen lo que ella piensa o siente por dentro.

Esta necesidad, tan propia del «6», de consultar a muchas personas antes de actuar, Nuria lo llamaba «hacer encuestas». Muchos «6» han confirmado como muy acertada la expresión que acuñara Nuria. También coinciden los «6» en decir que «los encuestados» quedan muy sorprendidos cuando el «6» no actúa según las sugerencias recibidas. Lo que los «encuestados» no entienden, hasta que han sido preguntados repetidas veces, es que el «6» no desea que se le diga lo que tiene que hacer, sino que está simplemente contrastando su opinión. Esto solamente lo sabe el «6»; el «encuestado» percibe la cara de pánico con que le pregunta el «6», y cree que genuinamente le está pidiendo: «dime lo que tengo que hacer». Con el tiempo, les dicen a los «6»: «¿para qué me preguntas, si luego vas a hacer lo que te parezca?». El «6» sabe lo que quiere, y lo único que busca es afirmarse en su decisión; de ahí su necesidad de «hacer encuestas».

Con frecuencia buscan la protección de alguien a quien ellos experimentan como más fuerte que ellos mismos, aunque en realidad no sea así, ya que los «6» son personalidades muy fuertes y valientes, aunque muchas veces ellos no se ven a sí mismos de este modo.

El tema de la autoridad es muy importante para el «6». Siente una dualidad fuerte hacia la autoridad: por un lado la admira, y vive según sus normas, que él mismo ha hecho suyas; pero, por otro, lucha contra ella. De ahí que resulte contradictorio: unas veces sumiso, y otras rebelde.

Los «6» necesitan fiarse más de sí mismos, confiar en su propia autoridad y confiar en que son capaces por sí mismos.

Tienen un gran sentido de familia; por ello son muy maternales o paternales. También tienen un gran sentido de fidelidad a la causa de una nación o grupo religioso, por lo cual son muy fieles a la familia y a los ideales o principios que rigen una nación o grupo religioso.

Resultan personas gratas y acogedoras, que atraen a la gente hacia ellos.

FIJACIÓN 7: ego-planificación

Soy optimista por naturaleza; algunos dicen que soy el optimismo personificado.

Estoy haciendo constantemente planes para el futuro; para un futuro, naturalmente, mejor aún que el presente.

Soy muy idealista y super-entusiasta. Pienso que la vida hay que disfrutarla a tope. Intento divertirme y pasarlo lo mejor que puedo. Rezumo entusiasmo, y constantemente sonrío. Algunos expertos en el Enneagrama dicen que los «7» somos «espectadores sonrientes» de la vida. La vida es un juego en el que hay que divertirse, pero yo a veces no participo en el juego, pues estoy demasiado ocupado preparando o planificando en mi mente futuros juegos, nuevos planes para pasarlo bien. Esta constante planificación me hace ausentarme del presente y no vivirlo. Con frecuencia manipulo el presente para lograr un futuro mejor.

Anticipo y saboreo en mi mente ese futuro maravilloso de tal modo que, cuando por fin llega y se hace presente, ya no me parece tan maravilloso, me desilusiona, ¡no es tan ideal como yo lo había soñado!...

Pero no me hundo en la desilusión; es más, escapo rápidamente de ese desencanto del momento presente planificando otra vez un futuro mejor.

Así vivo en un estado de constante escapismo o huida. En realidad, de lo que huyo es de todo lo que suponga dolor, tristeza o sufrimiento. Por eso también a los «7» nos llaman «epicúreos»; según esa antigua filosofía hedonista, los epicúreos procuraban todo tipo de placer y huían o evitaban cualquier forma de displacer.

Los «7» son también muy imaginativos y creativos de forma compulsiva. Les encantan las visiones, los sueños, las experiencias místicas. Todo para ellos es una experiencia maravillosa. Todo les fascina, les obnubila; todo es alucinante. (Éste es el tipo de vocabulario que utilizan, como veremos más adelante).

Todo es interesante para ellos, mientras sea un plan sobre el que pueden hablar. Lo curioso es que raramente llevan a cabo sus muchos planes. Lo suyo no es la acción; lo suyo es soñar, el imaginar, lo ideal, lo irreal, el mundo de las ideas. De todas las nueve personalidades, la «7» es la que más «emplea la cabeza». De hecho, no actúan, porque están «demasiado ocupados» en su cabeza planificando nuevos planes de acción. Piensan tanto en lo que van a hacer que, con frecuencia, no llegan a hacerlo.

En este planificar, no suelen prever dificultades posibles: tan ilusionados están con los planes. Con frecuencia, pierden contacto con la diferencia entre lo real y lo pensado, planeado o imaginado. Hacen constantemente listas de cosas que *piensan* hacer, y luego raramente las hacen.

Los «7» ven absolutamente siempre la parte positiva de todas las cosas y acontecimientos. Tienen el arte de disfrutar el lado positivo de todos los acontecimientos, retirando la vista de lo menos agradable.

Inés contaba que su hijo había tenido un accidente de moto del que había salido ileso, pero la moto se había destruido totalmente. Inés estaba feliz, porque a su hijo no le había pasado nada, y no dio ninguna importancia al hecho de que la moto se hubiera siniestrado totalmente.

Un día, al terminar el verano, Cecilia descubrió que le habían sustraído toda su ropa de invierno. Cecilia acudió a su cuñada Patricia y le comentó lo acontecido, pidiéndole alguna prenda prestada que le permitira salir de la situación. Patricia es una perfecta «7». No sólo no le prestó nada a su cuñada y amiga, sino que le dijo toda sonriente y entusiasmada: «¡qué suerte!; ¡aprovecha, y así renuevas todo tu vestuario!».

FIJACIÓN 8: ego-represalia

La personalidad-tipo «8» tiene un gran sentido de la justicia y una gran sensibilidad para la injusticia; son especialmente sensibles cuando creen que la injusticia se ha cometido contra ellos.

Se sienten viviendo en un mundo hostil e injusto para con ellos. Ante cualquier cosa o palabra que ellos experimentan como injusta, su reacción inmediata, instintiva —incluso antes de que pueda intervenir la razón— es vengativa o de represalia.

Ellos no experimentan esta reacción como vengativa, sino como respuesta justa a la injusticia que acaban de sufrir. Si se detienen y reflexionan, lo más seguro es que no lleven a cabo esa primera reacción de represalia.

«La mejor defensa es un buen ataque» define la actitud de la personalidad «8». Como vivencian el mundo en contra de ellos, viven a la defensiva, siempre preparados para el contraataque. Ellos en ningún momento sienten que están atacando o vengándose; están, simplemente, «haciendo justicia».

Tienen una sensibilidad especial para detectar y descubrir el engaño, la falsedad, lo fingido. Ante esto se sienten compulsivamente impulsados a desenmascarar y demoler. De nuevo, repito que ellos sienten que lo que están haciendo es, simplemente, «hacer justicia» y «dar a cada uno su merecido». Casi podríamos decir que su lema es enderezar lo torcido y lo injusto.

Es más, se castigan a sí mismos y a los demás cuando sienten que no están viviendo según sus ideales de justicia y equidad.

Su sentido de lo que es justo e injusto es muy peculiar. Tienen su propio sentido de la justicia y desean aplicarla a todos aquellos que, de una manera o de otra, dependen de ellos.

Los «8» suelen ser personas muy fuertes y de una gran energía. Cuando se sienten negativos con ellos mismos, pueden ser peligrosos por su tendencia al autocastigo, que es otra forma de hacer justicia con ellos mismos.

En la infancia recuerdan haber sido castigados con dureza. Por eso crecieron con la idea de que eran causa de dificultad para su familia. Ahora, de adultos, sienten que tienen que justificar su existencia y que necesitan tener una razón para existir;

por eso hablan como justificándose y explicándose constantemente. De pequeños eran conscientes de su fuerza y se sentían seguros de ella; no tenían que demostrársela ni a sí mismos ni a los demás. Generalmente, no eran los típicos niños peleones que empiezan ellos mismos la pelea; pero sí lo eran si alguien les provocaba; en este caso consideraban que la pelea estaba justificada; era su represalia o su manera de hacer justicia.

FIJACIÓN 9: ego-indolencia

La personalidad «9» es indolente en todo lo referente a su ser y a su esencia y, en general, hacia todos los asuntos importantes. Por contraste, resultan ser personas superactivas en minucias y temas de poca importancia. En realidad, esta superactividad es su forma peculiar de evitar enfrentarse a temas más serios y de mayor importancia.

Hace unos años, viví muy de cerca el primer embarazo de una chica de 19 años. Inmaculada, que así la vamos a llamar, ilustra perfectamente las características principales de la personalidad «9». Todas las madres hemos vivido, sobre todo nuestro primer embarazo, preparando ilusionadas el equipo de nuestro futuro bebé a lo largo de los nueve meses. Ya desde el primer momento, ¿quién se ha resistido a comprar algo, aunque sea un biberón, o no ha empezado a tejer el primer jerseycito? Sí, aunque faltan todavía nueve meses y haya más que suficiente tiempo para tener todo preparado. Las mamás más precavidas tienen todo el equipo preparado desde el séptimo mes, por si su bebé se adelanta... Éstas constituyen el polo opuesto de nuestra protagonista. El bebé de Inma iba a nacer la tercera semana de enero, y ella había decidido esperar tranquilamente a comprar el equipo de su bebé hasta las rebajas de dicho mes, que, como se sabe, empiezan después de Reyes, es decir, la segunda semana de enero..., ¡cuando sólo le faltaba una semana para dar a luz!

Por supuesto que las dos o tres mujeres adultas que estábamos junto a Inma en esos momentos no resistimos y le preparamos el equipo completo sin esperar a las rebajas.

La indolencia de los «9» les hace dejar todo para el final, con lo que consiguen que otros hagan por ellos lo que por sí mismos no son capaces de hacer. Siempre hay alguien más impaciente o más rápido que ellos, con lo que caen en un círculo vicioso de mayor indolencia, esperando —y consiguiendo— que otros hagan las cosas por ellos. Dado mi sentido de la responsabilidad y mi específica formación profesional en el tema, le pregunté a Inma cómo se sentía con respecto al parto. Su respuesta fue clara: «Me da miedo». Le pregunté si quería leer algún sencillo libro informativo sobre el proceso del parto. Su respuesta fue negativa. Yo insistí: «¿Qué haces cuando sientes miedo?». «¡No lo pienso!», fue la respuesta.

¿Sabéis a qué se dedicó Inma las dos últimas semanas anteriores al parto?: ¡a hacer crucigramas y «puzzles»! Dos actividades minuciosas que ocupaban su atención y la «narcotizaban» respecto del tema que realmente la preocupaba. Otra reacción típica de la personalidad «9».

Una frase muy delatadora de la personalidad «9» es la que, según sus compañeras de trabajo, utilizaba Alicia con relativa frecuencia: «Yo eso ni me lo planteo». Alicia no era consciente de que repetía constantemente esta frase. Sí era consciente, en cambio, de la actitud que reflejaba. Fueron sus compañeras de trabajo, más impacientes que ella, las que identificaron a Alicia como personalidad «9». Alicia les dio la razón.

Lourdes y Paloma —así se llamaban las compañeras de Alicia— se medio quejaban a su amiga de su tranquilidad y parsimonia. Esa tranquilidad tan característica de la personalidad «9» hacía que bastantes de las cosas que Alicia podía hacer perfectamente en el trabajo recayeran, por su manera de ser, sobre Lourdes y Paloma.

Hay un proverbio chino que, a lo largo de los cursos, distintos individuos de personalidad «9» han hecho suyo: «¿Para qué me voy a preocupar, si no tiene solución?; y si la tiene, ¿para qué me voy a preocupar? ¡Ya se solucionará!». Con esta filosofía de la vida, ya se puede imaginar que los «9» son personas tranquilas y apacibles que se alteran pocas veces y por muy pocas cosas.

2
Las idealizaciones del ego

Cada fijación del Ego tiene una idealización. La idealización es una imagen de sí mismo que el ego quiere a toda costa mantener. La idealización supone la total alienación del Yo esencial, auténtico y genuino. La idealización del Ego actúa a nivel inconsciente.

Uno de los objetivos del Enneagrama es, precisamente, explicitar esta idealización implícita o, dicho de otra manera, hacer consciente esta idealización inconsciente, ya que lo inconsciente o desconocido nos domina y gobierna.

El principio de la libertad consiste precisamente en destapar lo oculto y descubrir la verdad.

La idealización del ego supone una gran tiranía y falta de libertad, ya que es una imagen idealizada de nosotros mismos que desarrolla de manera compulsiva la fijación de nuestro ego. El vivir intentando cumplir la propia idealización supone vivir en un estado de insatisfacción crónica, ya que la idealización, tal como la concibe el ego, es un «ideal» totalmente imposible de alcanzar. El intentar hacer realidad la propia idealización sería la gran tiranía del «deberías ser» que el ego de cada tipo se dice a sí mismo.

Una lectura de las idealizaciones sería poner delante de cada una de ellas el «deberías ser», e imaginar lo que sería una vida vivida diciéndose a uno mismo siempre y en todo lugar: «deberías ser...»

Figura 3: Las idealizaciones del ego.

IDEALIZACIÓN 1:
¡Soy Perfecto! ¡Tengo razón ¡Soy bueno!

Me engaño a mí mismo pensando que, si soy perfecto, seré querido, respetado, tenido en cuenta y aceptado.

Pienso que los demás exigen que sea perfecto. En realidad, soy yo el que me lo exijo a mí mismo.

A estas personas les cuesta mucho permitir que los demás vean sus imperfecciones, pues temen ser rechazadas. Tienen que fiarse mucho de una persona y estar muy seguros de su aceptación antes de dejarle ver alguna de sus imperfecciones.

El decirse a sí mismos «¡Tengo razón!» les hace con frecuencia aparecer ante los demás como muy autoritarios, demasiado convencidos de sus cánones de perfección.

IDEALIZACIÓN 2:
¡Yo ayudo a todos y en todo!

Difícilmente me dejo ayudar, ya que todos me necesitan tanto... ¡Yo puedo ser tu ayuda! ¡Yo puedo darte eso que necesitas! ¡Puedo ser el hombro sobre el que llores, el brazo en el que te apoyes y el oído que te escuche! Mi deseo es dar mi vida por los demás y vivir entregado a los demás.

Me siento bien mientras me veo útil para ti. Siento una enorme necesidad de ser necesitado y de gustar. No soy muy consciente de ello, pero la verdad es que me siento muy a gusto conmigo mismo cuando los demás me necesitan: eso me da un cierto sentido de identidad; es como si sólo me sintiera importante cuando estoy ayudando.

Mi identidad parece que sólo la encuentro en el agradecimiento y reconocimiento que los demás hacen de mis servicios. Necesito este reconocimiento de los demás para sentirme que soy. Es como si no me encontrara a mí mismo y mi propia valía en mí mismo, sino sólo en lo que los demás valoran y aprecian de mí; por eso necesito que me verbalicen su reconocimiento y aprecio de mí y de mi valiosa ayuda.

IDEALIZACIÓN 3:
¡Soy eficaz! ¡Soy eficiente! ¡Tengo éxito!

Belén, una joven ejecutiva que pronto se identificó con la personalidad «3», nos decía al grupo de participantes en el curso del Enneagrama, que la escuchábamos con gran perplejidad: «yo siempre consigo lo que quiero; es cuestión de saber qué quiero, definir mis objetivos y dar los pasos que tengo que dar para lograr mi objetivo. Si éstos no me funcionan, pruebo otros, hasta que al final siempre consigo lo que quiero». Su tono de voz era de una seguridad aplastante, casi insultante para personalidades no tan seguras de sí mismas. «Yo nunca fracaso; si algo no me sale de una manera, lo vuelvo a intentar hasta que me sale bien».

IDEALIZACIÓN 4:
¡Soy Especial! ¡Soy diferente! ¡Soy sensible!
¡Soy de la élite! ¡Tengo estilo! ¡Tengo clase!

Nadie siente con la misma intensidad que yo siento. Sufro más intensamente que nadie; mis sufrimientos llegan a niveles trágicos y dramáticos; verdaderamente, me siento único y especial. No creo que nadie pueda resistir la misma intensidad de sentimiento que yo experimento.

Me identifico fácilmente con los payasos. Yo veo al payaso como un personaje trágico, en vez de cómico, como la mayoría. Yo me siento como el payaso que sonríe hacia fuera, pero lleva dentro una pena inmensa y un terrible dolor.

¡Tengo estilo! y ¡Tengo clase! como los de la élite. El mundo, en su inmensa mayoría, es ordinario, crudo y vulgar; por eso yo no me identifico con la mayoría; sólo me identifico con una minoría: el mundo de los artistas, que es un mundo minoritario, que excluye a la mayoría y reúne solamente a unos cuantos privilegiados y escogidos.

Piedad, participante en uno de los primeros cursos impartidos en España, pronto experimentó el gozo estético de identificarse con el Grupo 4 e intentó comunicarnos sus sentimientos con este preámbulo: «No me podéis comprender; ¡es un don ser un "4"; ¡es algo especial, frágil, vulnerable! ¡Hay muy pocos "4"». Curiosamente, Piedad se veía en el grupo como muy incomprendida por su singularidad; en su afán de ser comprendida, se comunicó mucho con todos los participantes; al final del curso, todos coincidíamos en decir lo bien que habíamos captado y sintonizado con Piedad; sin embargo, a Piedad no le llegaba nuestra sintonía y, a pesar de los esfuerzos patentes de todo el grupo, ella seguía sintiéndose especial, única, diferente y, por tanto, incomprendida. ¿Podéis creer que llegó a decirnos que su tipo de sangre era tan diferente que no servía para ninguna transfusión y que, por ello, era de las pocas personas que no podían donar sangre?

IDEALIZACIÓN 5:
¡Soy Sabio! ¡Soy perspicaz! ¡Soy agudo! ¡Soy observador! ¡Soy despierto! ¡Soy listo! ¡Soy juicioso! ¡Soy prudente!

Como me siento fuera, no involucrado y desconectado de la vida, compenso esta carencia afectiva y vivencial con mi percepción, mis conocimientos y mis ideas.

Al experimentar la vida como un lugar peligroso, me he buscado un refugio seguro, y lo he encontrado en mi cabeza: en el mundo de las ideas.

Los sentimientos, las emociones, me dan miedo. No me siento seguro. Sin embargo, encuentro mi seguridad en el mundo intelectual: las ideas, las grandes verdades, los conocimientos racionales... me parecen mucho más reales que los sentimientos.

Tiendo a clasificar a los demás en dos categorías de personas: 1) los sabios y prudentes; y 2) los tontos y alocados. Lógicamente, me aterra aparecer ante los demás como tonto o alocado. Es más, considero un insulto terrible el que alguien me considere simple, sencillo o inferior.

Por eso, antes de expresar mi opinión, me preparo exhaustivamente. Siento que antes de hablar necesito acumular toda serie de datos, consultar todos los libros, ficheros, archivos o posibles fuentes de información. Cuando, por fin, me decido a hablar, sorprendo a los demás, pues con muy pocas palabras expreso un gran contenido, un vasto arsenal de conocimientos. «Lo bueno, si breve, dos veces bueno» expresa claramente mi forma concisa de hablar.

IDEALIZACIÓN 6:
¡Soy fiel! ¡Hago lo que debo! ¡Soy valiente!

El «6» tiene un gran sentido de la responsabilidad y de la fidelidad. Éstas le llevarán a cumplir en cada momento con su deber y a preguntarse constantemente si estará cumpliendo con lo que debe y como debe.

Es muy fiel cumplidor; tanto que a veces su sentido de la responsabilidad es exagerado. Begoña describía este sentido de la responsabilidad como «una pesada losa» que llevaba encima. Otros «6» lo han descrito como «un pesado yugo sobre sus hombros».

Son muy frecuentes en el vocabulario del «6» expresiones como «tengo que», «debo», «lo que se debe hacer», «lo que uno debería», etc.

Virtudes esenciales para los «6» son la fidelidad, la responsabilidad, el cumplimiento del deber y la obediencia. Han idealizado a las figuras de autoridad. Tienen un super-ego muy rígido, estricto y exigente con ellos mismos. El Análisis Transaccional diría que tienen un padre muy crítico. A causa de su inseguridad personal, necesitan sentirse aprobados por las figuras de autoridad.

Se preguntan constantemente: «¿Soy suficientemente valiente?». Son como Don Quijote arremetiendo contra los molinos: sus miedos son fantasmas inexistentes, pero no les paralizan; al contrario: sacan fuerzas innecesarias para combatir a sus enemigos: sus miedos.

Un «6» expresaba así esta mezcla de valentía y temor: «yo, cuando veo venir al toro, me lanzo al ruedo y cojo al toro por los cuernos; soy incapaz de quedarme refugiado y protegido en la barrera; éste sería mi primer impulso, pero me tengo que lanzar al ruedo. Cuanto más miedo tengo, más me enfrento a mi propio miedo».

Las personalidades «6» son muy exigentes consigo mismas; ya hemos comentado que su super ego es muy estricto y exigente. Se ponen ideales muy altos e inalcanzables, y luego se culpan de no alcanzar lo inalcanzable. Se invalidan a sí mismos, en vez de darse cuenta de que su nivel de exigencia es muy elevado. Siempre se exigen más.

IDEALIZACIÓN 7:
¡Yo estoy bien! «I'm O.K.» (Thomas Harris)

Optimistas compulsivos, creen que tienen que estar y aparecer siempre ante los demás sonrientes, alegres, radiantes, felices y contentos. Cuando le preguntas a un «7» cómo está o cómo le van las cosas, invariablemente te dirá: «¡Estoy bien!; ¡todo marcha fenomenal! ¡Viento en popa, a toda vela!». Aunque tú sepas que está atravesando una racha difícil o experimentando cualquier tipo de dificultad, el «7» difícilmente lo reconocerá y te lo contará.

Con frecuencia llaman la atención a aquellos que no parecen tan contentos como ellos. Es más, los consideran «cenizos» y los evitan.

Si te interesas por sus cosas, te contarán sólo aquello que les va bien y no mencionarán para nada el área de dificultad o de más problemática que puedan estar viviendo.

IDEALIZACIÓN 8:
¡Yo lo puedo todo y puedo con todo!

El «8» se siente poderoso; son personas muy fuertes y enérgicas. Para ellos, la fuerza y el poder es lo que cuenta. Son personas de enorme energía, resultan infatigables. Para ellos la solución a todos los conflictos y problemas reside en el poder.

Saben intimidar al que es más débil que ellos. Detectan muy fácilmente las debilidades de los demás. Para éstos, el «8» resulta un tipo titánico, asertivo, incluso mandón. Algunos hablan del «8» diciendo: «embisten como toros».

El «8» se siente orgulloso de su propia capacidad de hacer y actuar. Piensan que tienen que hacer más que los demás; de ahí su pasión por el exceso. A veces creen que tienen que superar a todos; es como si sintieran que tienen que ser héroes.

Responden bien a los retos y dificultades. Parece que cuanto más difícil se pone la cosa, el «8» tiene aún más fuerza. Ante la dificultad, el «8» se crece.

La idealización «¡yo puedo!» también puede leerse como «yo hago justicia». Se sienten atraídos por temas de justicia social, y en estos asuntos pueden ser muy luchadores, radicales y hasta revolucionarios. «Lo mío es enderezar entuertos», nos expresaba un participante en uno de los cursos. Otra frase muy del «8» es: «querer es poder».

Son defensores de los pobres, de los débiles y explotados. Lo suyo es hacer justicia, y por la justicia justifican acciones que a otros pueden parecer injustas, por vengativas; repito que el «8» no las vive como venganza ni como represalia. La venganza y la represalia les parece objetivamente algo injusto; pero, cuando se trata de llevar ellos a cabo algún tipo de represalia o venganza, sencillamente les parece que están haciendo justicia, dando a cada uno su merecido.

IDEALIZACIÓN 9:
¡Estoy a gusto! ¡Estoy en paz!

La tranquilidad, la paz, el orden y el descanso son objetivos claros para la personalidad «9». Su ideal sería vivir una especie de quietismo o Nirvana.

Para lograr este estado de quietud o calma interior, lo que hacen es trivializar muchas cosas que para otras personas parecen importantes y vitales. Trivializan mucho, quitando importancia a la mayoría de las cosas, incluso a sí mismos.

Centran su interés en muy pocas cosas. Les parece que pocas cosas en la vida merecen el desgaste de su energía. Así consiguen también que pocas cosas puedan interferir en su tranquilidad.

Jaime, el hermano mayor de una familia de ocho hermanos, sólo tenía energía y tiempo para preocuparse de su novia y de sus estudios. Estos dos centros de interés —suficientemente importantes— absorbían toda su atención y energía. Los demás hermanos, que también estudiaban y también tenían amigos y amigas, se quejaban de que su hermano Jaime vivía en casa como en un hotel; ya que la colaboración en las tareas domésticas estaba bien repartida entre todos los hermanos, pero sólo Jaime era el que, invariablemente, no cumplía con su parte —no tenía tiempo o llegaba tarde—, con lo cual su responsabilidad terminaba recayendo en alguno de sus hermanos menores. Lo mejor de todo es que Jaime vivía «¡a gusto y en paz!»: la idealización del «9». La mayoría de los días olvidaba su tarea doméstica, muy secundaria en importancia respecto a sus estudios y a su novia. Si, por casualidad, algún día se acordaba de lo que tenía que hacer para ser un miembro responsable de la familia, cuando se acordaba era ya demasiado tarde, y sus padres o hermanos ya lo habían hecho. De nuevo, una vez más, alguien junto al «9» refuerza su círculo vicioso de inactividad y poco esfuerzo.

3
Las pasiones del ego

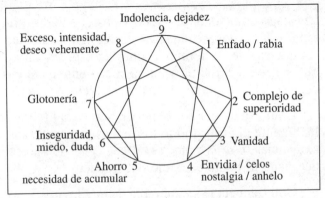

Figura 4: Las pasiones del ego.

Es muy importante entender el concepto de pasión en el Enneagrama, ya que no es lo que comúnmente entendemos por «pasión». Para el Enneagrama, la pasión es el tono emocional dominante en la persona cuando ésta vive sometida a la tiranía de su ego compulsivo. Otra manera de decirlo es que la pasión es el sabor interno de la persona descentrada o fijada en la compulsividad propia de su tipo de personalidad.

Este estado emocional (pasión) es falso, pues se basa en una premisa que, a su vez, también es falsa: la fijación.

Podemos concluir que la pasión es el resultado emocional o afectivo causado por la tiranía del «deberías ser» que es la idealización.

PASIÓN 1: El enfado o la rabia

El estado emocional del «ego-1» es el enfado o la rabia que se desencadena en él automáticamente, sin que casi le dé tiempo a controlar esta reacción, que surge involuntaria y automáticamente en él en cuanto detecta que algo está imperfecto.

Como su exigencia de perfección es tan fuerte, fácilmente ni él mismo ni los demás satisfacen sus exigencias; por lo tanto, se enfada, pues le parece que nada ni nadie es como debería ser.

Con frecuencia siente rabia de que las cosas no salgan como él había pensado que tenían que salir.

PASIÓN 2: El complejo de superioridad

Aunque aparentemente puede dar la impresión de humilde y de ceder a los demás el primer lugar y las cosas mejores, en el fondo de esta actitud intenta ocultar a los demás y a sí mismo algo que a él mismo le resulta muy duro reconocer:

a) que tiene las mismas necesidades que aquellos a los que trata de ayudar, pero no es
capaz de expresar dichas necesidades;

b) que le resulta muy difícil reconocer sus propias limitaciones;

c) que necesita sentirse importante para aquellos que le necesitan y para los que *dependen*
de su consejo y ayuda; en el fondo, es él el
que *depende* de que otros le necesiten y le
hagan sentirse útil pidiéndole ayuda. Se
siente importante, porque tiene muchos
amigos; amigos, para él, son todos aquellos
a los que ayuda; por tanto, todos son sus
amigos, ya que quiere ayudar a todos;

d) que necesita ser esa persona a los que otros
acuden cuando tienen necesidad de algo.
Necesita tener el consejo adecuado que los
demás necesitan de él; necesita ser el hombro sobre el que los demás puedan llorar
sus penas.

En el fondo, con este sentimiento de superioridad e independencia está ocultando su verdadero
sentimiento de inferioridad y de dependencia de
los demás. El verdadero necesitado es él.

PASIÓN 3: La vanidad

Hay algo deficiente en la personalidad «3» que
tiene que compensar a base de activismo. Se ha
identificado tanto con su actividad que no tiene

sentido de su Yo auténtico; es como si lo hubiera perdido, o como si nunca lo hubiera tenido.

Esta identificación total con su actividad o su rol es lo que llamamos la pasión de la vanidad, ya que esta identificación es la manera característica que tiene el «3» de engañarse o mentirse a sí mismo y a los demás.

Si le preguntas a un «3» quién es, siempre te responderá con su rol: soy médico, soy ingeniero... Te da la sensación de que el ser médico o ingeniero es el escaparate bonito y atrayente que muestran a todos, pero que detrás de ese escaparate no hay más que eso: un escaparate. Es como un cierto narcisismo del que tiene que vender su imagen, y por eso cuida tanto su presentación que resulta un escaparate precioso de admirar, pero frío, distante, en el que algo, esa barrera de cristal, no te permite entrar dentro.

PASIÓN 4: La nostalgia o el anhelo

Anhelan o sienten nostalgia de lo real, de lo auténtico y natural. Sienten una cierta envidia de la naturalidad, espontaneidad y autenticidad de los demás, pues ellos se viven muy afectados, ya que, como temen el disfrute, el placer y la pérdida del control, se han rodeado a sí mismos de límites y normas para mantener la compostura, las buenas formas y la educación.

Resultan así muy compuestos, muy formales, estudiados y ensayados. Meticulosamente, afectan naturalidad, pero resultan muy afectados; por ello desean romper todo ese maquillaje y ser espontáneos, vivir la vida, en vez de estar constantemente en el escenario representando un papel.

La diferencia entre el «3» y el «4» es que el «3» vive tan identificado con su papel que no se da cuenta de que no tiene vida propia y de que está simplemente representando un papel, mientras que el «4» sí es consciente de que está representando, y por eso quiere romper con el rol y ser espontáneo. De aquí procede su sufrimiento real y su anhelo o nostalgia de lo real y auténtico. A pesar de que envidia la autenticidad, no puede aceptar que lo auténtico es lo ordinario, lo común, lo de todos los días, y *no* lo extremo o lo extraordinario. Su nostalgia también es nostalgia de un pasado, cuando las cosas les parece que fueron más reales y más auténticas. Nostalgia de un futuro, en el que sueñan con sentirse más reales y más auténticos.

Se ha denominado a los «4» «aristócratas en el exilio», siempre soñando con algo que fueron y que esperan llegar a ser, pero que no son ahora en el presente.

Recuerdo cómo Daniel, un joven de 20 años que participó en los 2 niveles del Enneagrama, se identificó totalmente con la frase «aristócratas en el exilio», de tal manera que decía que era la frase que mejor expresaba su sentir interior de anhelo profundo y disconformidad con su estado actual.

PASIÓN 5: El ahorro: la necesidad de acumular

Su pasión es el ahorro; siente un afán desmesurado de acumular lo que es esencial para su estilo de vida: conocimientos, datos, información...

Es como una aspiradora, que va absorbiendo y acumulando todo aquello que piensa que algún día puede necesitar.

No se atreve a pedir ayuda a los demás, pues teme que no le van a hacer caso; por eso acumula y amontona: para no tener nunca necesidad de pedir nada a nadie.

En el fondo, su afán ahorrativo es su forma peculiar de reivindicar su independencia o, mejor, su no participación.

Es muy austero consigo mismo, tiene muy pocas necesidades y se conforma con muy poco. A veces le dicen que es demasiado ascético; la verdad es que no le cuesta privarse de lo que otros consideran gustos y placeres comunes.

Prefiere carecer de algo antes que tener que pedírselo a alguien. Sabe que los demás le consideran algo avaricioso y tacaño. Es verdad que se le da mejor el absorber y acumular, como una aspiradora o como una hormiga, que el compartir.

De hecho, le resulta muy difícil compartir con otros. Lo malo es que, al no saber dar a los demás, tampoco sabe recibir el apoyo, el cariño y el aliento de los demás, que es precisamente de lo que se sabe más carente y necesitado.

PASIÓN 6: La inseguridad, el miedo y la duda

La inseguridad que experimenta el «6» no es proporcionada ni adecuada a sus talentos y capacidades.

La vida es una constante amenaza, peligro o riesgo. El «6» se siente rodeado de enemigos; por eso debe estar alerta y vigilante. De este temor procede su constante búsqueda de alguien más fuerte que él que le sirva de ayuda y protección. En el fondo, lo que más teme es asumir la responsabilidad de su propia vida. Aquí justamente está la salud del «6».

Aunque es doloroso vivir en constante pánico, para el «6» es lo familiar y lo conocido; llega incluso a sentirse a gusto con sus miedos. Resultan personas muy cautelosas, ya que están siempre alertas de un modo muy peculiar, muy suyo.

El miedo *real* no es en sí un problema para el «6»; son más bien los miedos imaginarios, los miedos que él imagina y anticipa; es un miedo a lo que pueda suceder y que tal vez nunca suceda. De hecho, en situaciones reales de miedo es valiente.

La duda es otra forma que toma la pasión del «6». Le falta seguridad y confianza en sí mismo. Se preocupa y duda constantemente. Es como un tartamudo mental. Sus múltiples dudas paralizan su acción.

La toma de decisiones es algo muy penoso para la personalidad «6», ya que examina todas las alternativas antes de actuar. Sus dudas mentales paralizan su acción. Tarda mucho en decidirse a actuar, aunque siempre acaba actuando.

Los «6» viven frecuentemente divididos entre su corazón y su mente. Son personas muy afectivas y de grandes sentimientos, pero controlan éstos con su cabeza. Tienen una gran actividad mental; sienten un impulso fuerte de corazón a hacer lo que sea, pero en su cabeza surgen mil objeciones, dudas y miedos que les impiden actuar según los impulsos de su corazón.

Normalmente culparán a figuras de autoridad de no haber podido hacer lo que ellos realmente deseaban.

Es frecuente oír a adultos de esta personalidad decir: «no me dejaron hacer lo que yo quería»; responsabilizan a otros, en vez de asumir su propia responsabilidad.

PASIÓN 7: La glotonería

Nunca parecen estar satisfechos, siempre están dispuestos a querer más y más de lo bueno, dispuestos a experimentar y saborear nuevas y sabrosas experiencias.

Saborean y le sacan jugo a todo lo bueno. Se relamen, absorben, tragan y se zampan todo lo bueno y sabroso. Su capacidad de disfrute está muy relacionada con el sentido del gusto. Realmente «saborean» sus experiencias positivas.

Ya hemos dicho que raramente viven el presente. Viven anticipando un futuro dichoso y feliz o recordando los buenos momentos del pasado. Generalmente, los «7» han tenido infancias felices, llenas de calor y cariño. Algún acontecimiento interrumpió o cortó bruscamente aquella felicidad.

Su vida se caracteriza por una constante y «glotona» tendencia a recobrar lo perdido o un intento de vivir en aquel estado beatífico anterior. Resultan algo nostálgicos del pasado: «cualquier tiempo pasado fue mejor...» que hoy, pero no que mañana. «Hoy son 24 horas; ¡mañana, toda la eternidad!».

PASIÓN 8: Exceso, intensidad, deseo vehemente

Los «8» sienten pasión por los extremos, por el exceso y la intensidad. La moderación les parece algo afeminado y propio de débiles. Pueden resultar codiciosos, avaros, ávidos, pero no de cosas materiales, sino de lo que a ellos les gusta, o de lo que ellos disfrutan. Lo exprimen todo hasta la última gota.

Recuerdo a un amigo identificado como «8» que, después de una larga reunión de amigos, cuando ya todos estábamos cansados y dispuestos a irnos (incluso algunos empezando a levantarnos), in-

variablemente Genaro, que así se llamaba mi amigo, sacaba otro tema de conversación, generalmente nada ligero, que nos obligaba a todos a
sentarnos y alargar la conversación una hora más.
Luego, bien entrada la noche, como Genaro estaba disfrutando, no veía el momento de terminar.

Los «8» lo hacen todo intensamente: el deporte,
el trabajar, el divertirse… Genaro se estaba divir-
tiendo y no podía consentir que la diversión ter-
minara, y la prolongaba sin darse ni cuenta de que
otros habían intentado terminar horas atrás.

Lo interesante es preguntarse de dónde procede
la pasión del «8» por el exceso. Por dentro se
sienten aburridos; algunos incluso han llegado a
describir este aburrimiento como una sensación de
estar muertos por dentro. Esto se debe a que reprimen algo muy suyo, pero que lo mantienen muy
enterrado y escondido en su interior: una gran ternura y una gran sensibilidad.

El motivo por el cual la ocultan y reprimen es
que ellos consideran toda esa riqueza de sensibilidad como una debilidad. Los hombres «8» lo
consideran como algo afeminado, y, por tanto, no
pueden consentir que salga al exterior.

Su pasión por el exceso procede también de
que son personas *crónicamente insatisfechas* que
desean y buscan constantemente hallar satisfacción; de ahí su pasión por el exceso. Tienen un
estilo propio y característico de meterse en las co-

sas y actividades, hasta agotar sus últimas posibilidades.

Son personas también inquietas y activas. Su activismo procede también del aburrimiento que experimentan por dentro. No saben estarse quietas ni permanecer en quietud.

Alejandro expresaba así el vacío interior propio del «8»: «si entro, no encuentro nada; lo que me divierte está fuera de mí».

PASIÓN 9: La indolencia o la dejadez

Cuando están descentrados, los «9» resultan personas indolentes y olvidadizas, llegando incluso a olvidarse de su propia existencia.

No se sienten importantes ni para sí mismos. Tienen una estima propia bastante baja. Sienten poco amor hacia sí mismos. Se infravaloran excesivamente.

Su inercia natural se agudiza cuando están dominados por su pasión, y se hacen aún más pasivos y pasotas, siempre buscando el descanso.

La frase más característica del «9» es: «por qué estar de pie cuando puedes estar sentado?; ¿y por qué estar sentado cuando puedes estar tumbado?». Lo que realmente quieren es no desperdiciar energía. Buscan los medios y modos de no gastar su energía inútilmente.

Casilda, un ama de casa típicamente «9», contaba que ella en su casa no cerraba ni las puertas de los armarios ni los cajones; los dejaba siempre abiertos. Además de que así veía lo que guardaba en ellos, ¿para qué cerrarlos si luego los tenía que volver a abrir?

Rosa, otra «9», añadió algo muy semejante: ella no colgaba su ropa en el armario, porque la tenía que volver a descolgar para ponérsela al día siguiente. Por eso la dejaba en una butaca. Lo malo —reconocía— era que la butaca iba aumentando de volumen a la vez que el armario se vaciaba, y sólo cuando éste terminaba vacío por completo Rosa caía en la cuenta de que debería ordenar su ropa, vaciar la butaca y colgar sus trajes en el armario vacío. Esto le suponía tal desgaste de energía que tardaba días en decidirse a hacerlo.

Ante estos comentarios, Margarita nos confesó un motivo de discusión habitual entre su marido y ella. Su marido opinaba que para mantener la casa caliente en el invierno era conveniente bajar las persianas al llegar la noche. A Margarita, esto se le antojaba un derroche de energía totalmente inútil: ¿para qué bajar las persianas si, total, al día siguiente tenía que volver a levantarlas? Por supuesto que ella no bajaba ni subía nunca las persianas, con gran indignación de su marido, a quien le tocaba siempre bajarlas y subirlas.

¿Para qué alterar mi paz y mi ritmo si, total, a los demás les gusta *hacer* más que a mí?; y así va en aumento la comodidad del «9».

4
Mi ego huye de...

Con facilidad huyo de, trato de evitar...

Cada uno de los nueve tipos trata de evitar aquello que le resulta más amenazador para la idealización de su ego.

Es importante recordar que la idealización es producto de la fantasía del ego y que, por lo tanto, está fuera de contacto con su verdadera identidad. En realidad, no tendría que huir de aquello de lo que huye, ya que esta huida, provocada por el ego, está obstaculizando la auténtica realización de su Yo esencial.

En vez de huir desde el ego, tendríamos que enfrentarnos desde el Yo esencial y preguntarnos: ¿cómo es?, ¿qué quiere?, ¿qué pide?, ¿cuáles son sus necesidades?; y dialogar con las respuestas.

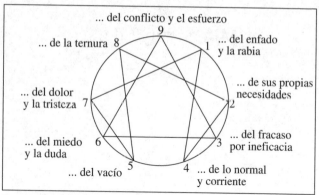

... del conflicto y el esfuerzo

... de la ternura 8

9

1 ... del enfado
y la rabia

... de sus propias
necesidades

... del dolor
y la tristeza 7

2

... del fracaso
por ineficacia

... del miedo 6
y la duda

3

... del vacío 5

4 ... de lo normal
y corriente

Figura 5: Mi ego huye de...

1. Huyo del enfado y la rabia

Y trato de evitar precisamente aquello que constituye mi pasión: la ira, la rabia, y el enfado que tan fácilmente siento. Trato de evitar estas reacciones emocionales, precisamente por mi exigencia de perfección. No está bien que alguien perfecto esté enfadado o sienta rabia.

El enfado me parece incompatible con el ser perfecto.

Con frecuencia no soy muy consciente de mi estado de enfado interno. Cuando soy consciente, trato de reprimirlo y ocultarlo, intento sonreír, pero me sale en forma de sarcasmo e ironía. Cuando me permito expresar el enfado, es porque considero que no es enfado, sino «justa indignación».

2. Huyo de mis propias necesidades

Y trato de evitar precisamente aquello que más destruye la imagen de mí mismo que intento dar a los demás: la imagen del que ayuda y del que da a los demás.

Para mantener esta imagen oculto mis propias necesidades, las reprimo y huyo o intento evitar el reconocimiento de que yo también tengo las mismas necesidades que tienen los demás.

El reconocer mis necesidades ante los demás destruiría la imagen que estoy queriendo aparentar; por eso intento ignorarlas, negarlas, y a veces realmente desconozco mis verdaderos sentimientos y mis necesidades reales.

Con frecuencia, si alguien con verdadero deseo de ayudarme me pregunta: ¿qué necesitas? o ¿en qué puedo ayudarte?, no sé responder, me quedo en blanco; he hecho tan bien mi trabajo de ocultar mis necesidades a los demás que ya ni siquiera yo mismo sé qué necesito.

3. Huyo del fracaso por ineficacia

La personalidad «3» huye del fracaso, concebido éste como un fallo de eficacia o eficiencia personal. Está fuera de contacto con sus propios fracasos; de hecho, recuerda todos sus éxitos del pasado y olvida por completo algún fracaso que haya podido tener. Todo rastro o vestigio de fracaso lo achaca siempre a la ineficacia de otros. Tiene la habilidad de convertir todo fracaso en un éxito.

> Belén, la misma joven ejecutiva de la que hablaba antes, negaba rotundamente que ella hubiese fracasado alguna vez en su vida; es más, decía que para ella la palabra «fracaso» no existía, afirmando que, como de lo que los demás llamamos fracaso ella podía siempre aprender algo positivo, ese mismo aprendizaje hacía que no fuera un fracaso.

El fracaso del que más desesperadamente huye el «3» es el fracaso en las relaciones interpersonales. Teme terriblemente el rechazo, el no ser apoyado o el ser abandonado.

Detrás de su necesidad de éxito o de su huida del fracaso —que son dos caras de la misma moneda— se esconde una gran necesidad de aprobación, aceptación y amor. Realmente, es el amor y la aceptación de los demás lo que desesperadamente busca con tanto afán de ser eficaz.

4. Huyo de lo normal y corriente

Lo común, lo ordinario, lo normal y corriente en el mundo de los sentimientos.

Un sentimiento normal, apropiado para la causa que lo produce, no me parece suficiente; me parece que tengo que vivir siempre en estados de especial alegría y gozo, o de especial tristeza, hundimiento y depresión. No encuentro el término medio en mis sentimientos. Vivo siempre en extremos de intensidad.

Vivo una contradicción en mi interior, pues creo que los demás esperan de mí estos extremos de intensidad en mi sentir y, a la vez, me siento incomprendido y rechazado por los demás, precisamente por tanta intensidad de sentimiento, que a los demás les parece exagerado e irreal.

A mí, mi propia intensidad no me parece irreal; por ello, vivo a los demás como insensibles y poco comprensivos hacia mí. Vivo encerrado en este sentimiento: «no me puedes comprender, porque no sientes con la misma intensidad que yo».

5. Huyo de mi vacío

De lo que más huyo y trato de evitar es del vacío tan grande que siento en mi interior.

Me vivo hueco o vacío por dentro. De aquí mi afán de acumular. Me vivo vacío, sobre todo, de sentimientos; también son escasos mis contactos o relaciones sociales.

Como, para mí, lo que verdaderamente vale son las ideas, y desconfío de los sentimientos, abundo en ideas y ando escaso en sentimientos; mi vacío es más un vacío o escasez de sentimientos.

Recuerdo la reacción de Noemí, que se había identificado con la personalidad tipo «5», al oír esto del vacío. «No lo entiendo», dijo al grupo, completamente ruborizada al experimentar que todos la estábamos mirando. Le pregunté con el tono de voz más suave que pude: «Noemí, ¿nos puedes decir qué estás sintiendo ahora?»; se puso aún más colorada ante la propia constatación de su vacío.

Durante el resto del curso, luchó contra este sentimiento de vacío, y nos aclaraba diciendo: «no es que esté vacía de sentimientos; lo que me pasa es que no sé expresarlos».

Otros «5», en otros cursos, han verbalizado este vacío como sentimiento de soledad. Anteriormente, decía que son escasas sus relaciones y contactos sociales. Es natural que se sientan solos, ya que su temor a participar y a involucrarse les hace no comprometerse en relaciones interpersonales. Han optado por ser observadores sin participar; por tanto, es natural que se encuentren solos y aislados.

Mi buen amigo Nicanor, soltero por opción propia, no se priva de contactos femeninos íntimos. Imagino que es muy reducido, pero selecto, su número de féminas; él mismo, que se reconoce y acepta como «5», dice que prefiere mantener este tipo de relación en el que termina cada uno en su casa, pues prefiere la soledad e independencia de su pequeño apartamento, a tener que compartirlo permanentemente con alguien, por muy cercana que sea esa persona.

6. Huyo del miedo y la duda

Los «6» huyen inútilmente del miedo, luchan y combaten sus propios miedos. Más que combatir el miedo, lo saludable sería permitirse a sí mismos sentir el miedo. Dialogar con sus miedos, en vez de defenderse y huir de ellos.

Los «6» también huyen de su propia desobediencia. La desobediencia es la parte de ellos que reprimen, porque temen su propia capacidad de desobedecer, romper la ley y las normas y órdenes de la autoridad. Sienten una dualidad: por una parte, se someten a la autoridad; por otra, rechazan interiormente la autoridad externa que ellos mismos han escogido en su inseguridad.

Es frecuente escuchar relatar a personalidades «6» sus extremos de fidelidad a normas y su exacto cumplimiento del deber; y junto a esto, divertidamente, cuentan cómo disfrutan incumpliendo algunas normas menos importantes. Lo divertido para ellos es que incumplen por la satisfacción que les da el mismo hecho del incumplimiento. Casos corrientes relatados por personas «6» son el no respetar el orden de una cola de cine o teatro y «colarse» abiertamente, sin levantar sospechas en los que estaban esperando hacía mucho tiempo. Otro caso frecuente es el no respetar un semáforo rojo o una señalización de «stop»; disminuyen la velocidad y, si ven que no hay peligro y que no hay un coche de la policía (la autoridad), sienten un extremo placer incumpliendo las normas de circulación. Otro «6» contaba que disfrutaba sustrayendo saleros de restaurantes; otros, ceniceros; y los más atrevidos, vasos o cucharas...

7. Huyo del dolor y la tristeza

Reconozco que no puedo soportar el dolor. No tengo resistencia para sobrellevar penas y dolores.

Cuando, ineludiblemente, me llega el sufrimiento que es parte de la vida, intento por todos los medios escabullirme. Lo niego, no caigo en la cuenta de que algo va mal.

Planifico de nuevo cómo evitar ese dolor o sufrimiento y, si me llega, lo niego, lo reprimo y proyecto fuera de mí.

8. Huyo de la ternura

La personalidad tipo «8» huye de aquello que considera la antítesis de su idealización («¡yo puedo!, ¡yo soy fuerte y poderoso!»), que es todo lo que consideramos la parte femenina de la psicología humana, lo que Jung llama el «anima».

El «8» acepta sólo la parte masculina de la psicología («animus») y niega y reprime el «anima». El «anima» es la parte tierna, suave, frágil, receptiva y vulnerable de todo ser humano: hombre o mujer. Aunque la personalidad tipo «8» experimenta en un grado elevado todo lo que hemos abarcado con el término «anima», lo reprime y esconde, mostrándose como avergonzado y temeroso de la intensidad de sus sentimientos, y sólo muestra ante los demás su «caparazón» de fuerte, duro, poderoso, e invencible.

Los «8» sienten una dificultad especial en el acercamiento a los demás, en mostrarles afecto y cariño; estos afectos también los interpretan como debilidad.

> Manuel, un «8» que tenía a gala ser un tipo duro, después de varias sesiones de Enneagrama nos trajo un «poster» que él mismo se había hecho con la siguiente frase: «Lo efectivo es lo Afectivo». Esta frase representa tal sanación para el «8» que pusimos el «poster» en la pared durante el resto del curso.

Les cuesta darse a conocer, mostrarse a los demás como realmente son. No les gusta que los demás vean su parte tierna y sensible, lo que ellos consideran su debilidad.

> Lucía, una asistente a mis primeros cursos del Enneagrama, expresó con la siguiente metáfora la dualidad que vive el «8»: «Yo me siento como un caballero armado de la Edad Media, preparado para el combate o para el torneo; pero debajo de mi armadura escondo a una dama tierna y frágil, casi una niña, y muy femenina». Sofía utilizaba la imagen bíblica del león que yace junto al cordero para describirnos la misma dualidad.

A lo largo de todos estos años impartiendo el Enneagrama, he visto a tantos «8» actuar que yo misma los describo como el lobo feroz del cuento infantil *Caperucita Roja*. Siento que son corderos tiernos y desvalidos que, temerosos, se esconden bajo el feroz disfraz de lobo, que tiene unas grandes orejas, unos grandes ojos, una gran boca, pero al final lo único que hace a Caperucita Roja y a su abuelita es, simplemente, asustarlas. Los «8» asustan, pero por dentro son corderos asustados que «ladran» para combatir su propio miedo asustando a otros.

En el último curso, Miguel, un «8» que atravesaba una racha de descentramiento, se alteraba y elevaba el tono de voz para expresar que se oponía a lo que alguien había dicho …

Asunción, otra participante, muy acertada y calmadamente le remarcó a Miguel: «cada vez subes más el tono de voz, pero no tienes argumentos». Con esto dejó desarmado al bueno de Miguel, que estaba haciendo lo que otra «8», Elena, confesó qué hacía cuando quería salir de su aburrimiento: «Yo pincho para provocar una pelea». Elena decía que hacía ésto de pinchar sólo con su marido; pero Irene, su compañera de trabajo —eran ambas enfermeras—, le había animado a Elena a hacer el Enneagrama para que cayera en la cuenta de cómo sin motivo alguno empezaba pequeñas peleas entre sus compañeras.

Irene, que había hecho el Enneagrama anteriormente, consiguió su objetivo, ya que Elena se dio cuenta de que era ella la que agredía a sus compañeras, y no eran sus compañeras las que le agredían a ella, que era lo que pensaba que sucedía antes de identificarse con la personalidad tipo «8».

9. Huyo del conflicto y del esfuerzo

Huyo del conflicto como algo realmente maligno y destructivo.

Evito y reprimo todo conflicto exterior o interior; es mi manera de mantener mi paz y mi calma; (realmente es un estado de pseudo-armonía y falsa paz, pues muchas veces existen realmente conflictos en mi vida, pero yo, simplemente, retiro mi vista de todo lo que sea conflictivo, y vivo como si no existieran tales conflictos).

Os recuerdo aquí a Inma: «me da miedo el parto», «no lo pienso», y me dedico a hacer crucigramas y otros tipos de pasatiempos.

5
Mecanismos de defensa del ego

El Enneagrama no aporta ninguna definición distinta de lo que comúnmente entendemos por «mecanismos de defensa». Como su nombre indica, los mecanismos se disparan automáticamente en nosotros para defendernos de impulsos, experiencias, sucesos que experimentamos como amenazantes y que, por tanto, provocan en nosotros ansiedad. Los mecanismos de defensa suelen ponerse en funcionamiento no sólo automáticamente ante ciertos estímulos, sino también de manera inconsciente; por tanto, es también un objetivo del Enneagrama el hacernos conscientes de nuestros mecanismos inconscientes, para controlarlos en nuestra consciencia y evitar que se disparen sin nuestro control consciente.

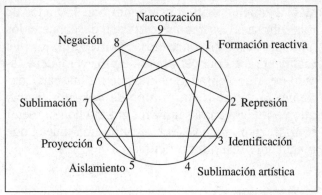

Figura 6: Los mecanismos de defensa del ego.

1. La formación reactiva

Esto quiere decir que manifiesto al exterior todo lo contrario de lo que siento internamente.

Internamente siento un gran enfado; pero, como mi crítico interno me dice que una persona perfecta no «debe» enfadarse, lo que hago es reprimir mis sentimientos de rabia y aparecer ante los demás sonriente y contento.

Intento aparentar ser una «buena persona», y las personas buenas no se enfadan; aunque hago todo lo posible por dominar mi enfado y que no se note, con frecuencia se me escapan comentarios sarcásticos y punzantes. Puedo decir a los demás algo realmente crítico e hiriente con la mejor de mis sonrisas. Los demás se quedan desconcertados ante mis «críticas sonrientes»; la mayoría, los que realmente me conocen, perciben mi verdadero estado de ánimo enfadado detrás de mi máscara sonriente; lo detectan en mi tono de voz, por mucho que yo intente enmascarar mi enfado con la mejor sonrisa, que muchas veces resulta una mueca que malamente disimula mi enfado.

2. La represión

Mi mecanismo de defensa es *la represión* de mis necesidades, porque éstas son incompatibles con la imagen de mí mismo que intento dar a los demás.

Como temo el rechazo de los demás si éstos conocieran mis necesidades, lo que hago es reprimirlas y proyectarlas en los demás. Los demás son «los necesitados». Me pseudo-engaño a mí mismo pensando que, si atiendo a las necesidades de los demás, estoy atendiendo a las mías propias.

En el fondo, estoy reprimiendo el gran deseo que tengo de pedir ayuda a los demás; y reprimo este deseo y necesidad con una falsa postura de superioridad de ver a los «pobrecitos necesitados» de mi ayuda, cuando en realidad me vivo a mí mismo como el gran «pobrecito necesitado» de los demás.

Nuria expresaba muy bien su vivencia de «2»:
«yo no resisto mis propias debilidades. Utilizo las
debilidades de los demás; en ellos me parecen
muy bien y las acepto. Cuando les ayudo, no
siento mis debilidades, aunque sean exactamente
las mismas que las de los demás».

«Cuando voy de viaje con mi marido, siempre
conduce él; a mí me gusta mucho conducir y tengo
que ir en el asiento a la derecha del conductor,
cuando lo que realmente me gustaría es ir con-
duciendo yo. En vez de decirle sencilla y llana-
mente mi gusto o deseo a mi marido, lo único
que le digo de vez en cuando es: '¿no te cansas
de conducir?', cuando en realidad lo que yo quiero decirle es: ahora quiero conducir yo un rato».

3. La identificación

Creo que ya hemos explicado suficientemente y
con ejemplos la identificación propia del Ego «3».

Podemos decir que el mecanismo de defensa
del «3» es en realidad toda la vivencia de su estado
Ego del Yo.

Las formas distintas de identificación, ya sea
con su rol o con las normas del equipo de trabajo,
le hacen al «3» mantenerse en la superficie de su
personalidad y como viviendo solamente hacia
afuera, alejado y distanciado de la incompetencia,
del poco valer, o del fracaso que teme ser en su
interior; y es precisamente ese temor a enfrentarse

con su verdadero Yo lo que le hace identificarse con la actividad y ser la actividad, en vez de ser quien realmente es.

4. La sublimación artística

Los «4» son personalidades muy artistas y muy artísticas a la vez. Los artistas son especiales para la gente corriente. Entre los artistas es aceptable y está aceptado el ser especial. Entre ellos se comprenden, pero sufren la incomprensión de la gente común y corriente. Ésta es una justificación más para el sufrimiento especial que vive la personalidad «4».

¡Soy especial!, ¡soy artista! y ¡soy artístico!

Yo mismo soy una pieza de arte: puedo tocar y retocar mi propia presentación.

A la vez soy artista: puedo decorar mi entorno, lo embellezco, lo hago especial, lo transformo en una pieza de arte, que puedo crear, recrear, retocar, hasta que exprese lo que siento por dentro, ya que lo que siento va más allá de lo expresado por medios ordinarios de expresión y comunicación.

Debajo de toda esta sublimación artística, detrás de todo este escenario y adorno externo, estoy queriendo ocultar algo demasiado feo, lo que realmente temo: «si de verdad vieras o te dejara ver lo que realmente soy, huirías, me abandonarías... ¡tan feo soy!». Por eso tengo que encubrirme, recubrirme artísticamente, en mi intento por embellecer mi propia fealdad.

También lo ordinario, lo cotidiano de cada día, les aburre a los «4».

Susana utilizaba una expresión muy suya: «Yo lo encanto»; se refería a su necesidad de transformar lo ordinario en algo especial, «encantado». Ella misma reconocía que su cuento infantil preferido era *Alicia en el País de las Maravillas*. Susana necesitaba, como los personajes del cuento, transformar lo ordinario en algo extraordinario, encantador.

5. El aislamiento o la compartimentalización

Ante una experiencia sentida o vivida, los «5» aíslan claramente sus reacciones emocionales de su reacción a nivel de ideas. La primera, la reprimen; huyen de todo sentimiento y emoción sentida y atienden sólo a su reacción a nivel de ideas.

Hacen una huida clara a su cabeza; explican, racionalizan y analizan los sentimientos, asegurándose así que no los sienten. Es obvio: mientras piensan los sentimientos y tratan de entenderlos, no los están sintiendo.

La famosa frase del filósofo francés Descartes, «pienso, luego existo», resume de maravilla la postura existencial del «5». Lo importante para el «5» es entender; mucho más importante que sentir.

Los sentimientos son mudables, pasajeros y subjetivos; por tanto, no pueden llevar a las verdades objetivas e inmutables, que son las que realmente cuentan.

No es de extrañar, pues, que ante esta postura existencial los «5» experimenten una gran escasez de sentimientos.

Es curioso observar cómo los «5» compartimentalizan también sus relaciones.

Arantxa, una amiga mía identificada como «5», con la que he compartido la misma vivienda durante un tiempo (por lo tanto, he vivido muy de cerca la compartimentalización de sus relaciones personales, que cuidadosamente mantenía y cultivaba, pero sin mezclarlas), distinguía perfectamente, y mantenía aparte, sus relaciones familiares, sus compañeros de estudios, sus colegas profesionales, los simples conocidos y, luego, los que consideraba amistades comunes, a los que aceptaba invitar a nuestra casa, previo escrutinio compartido conmigo, sin yo entender por aquel entonces lo que Arantxa hacía.

6. La proyección

Los «6» proyectan su rebeldía y su miedo en los demás. No son conscientes de que están fuera de contacto con su rebeldía ante la autoridad.

Al no sentirse seguros de sí mismos y de su autoridad interior, buscan fuera esa autoridad; pero una parte de ellos mismos se rebela contra ella y quiere resistirla, hacerle frente. Como esta postura de enfrentamiento no está de acuerdo con su imagen de fieles, leales y cumplidores, proyectan su rebeldía y desviación hacia otros; por tanto, desconfían de ellos, no porque en sí no sean dignos de fiar, sino porque el «6» ha proyectado en ellos su propia rebeldía. Desconfían porque los creen capaces de hacer lo que ellos mismos desearían hacer y serían capaces de hacer si se atrevieran a ello. «¡Como *no* se puede uno fiar de los demás, hay que imponer leyes, orden, códigos, normas; en una palabra, *control*!». Lo que están haciendo con esta imposición de control es temer su propio deseo y capacidad de quebrantar la ley y de ir en contra de la autoridad.

El «6», como decíamos anteriormente, niega este deseo, lo reprime en sí mismo y lo proyecta en los demás. Así, como teme que los demás vayan a quebrantar la ley, se convierte él mismo en delator y acusador de los que rompen la ley de su grupo, a la vez que en defensor de las leyes de dicho grupo, clan o familia.

Por otra parte, el «6» proyecta también sus propios miedos internos en los demás. Con frecuencia oigo en los cursos decir: «Fulano no me acepta»; en el fondo, es la misma persona «6» la que ha proyectado en «Fulano» su propio temor a no ser aceptada.

7. La sublimación

Los «7» subliman absolutamente todo aquello que les puede resultar poco agradable o doloroso.

Ejemplo típico de sublimación es la reacción de algunos creyentes ante una gran catástrofe: «¡Es Voluntad de Dios Sabio!». Ante una muerte: «¡Ya lo tenemos en el cielo!».

Otro «7» decía, como muestra auténtica de su actitud positiva y de huida del dolor: «yo me aferro siempre a lo que todo tiene de positivo». Otro nos reflejaba la actitud de planificación del «7»: «yo me programo momentos futuros buenos; tantos más, cuanto más estoy en crisis o pasándolo mal».

Mi experiencia más inolvidable con un «7» sucedió en circunstancias trágicas. Fue con un grupo de matrimonios amigos que se reunían hacía catorce años para compartir sus inquietudes y experiencias religiosas. Yo hacía poco que me había unido al grupo. Una noche, que salimos a cenar, uno de nuestros amigos rodó por las escaleras, con tan mala suerte que se fracturó el cráneo, muriendo en el acto. Se puede imaginar las distintas reacciones de los amigos: dolor, confusión, sorpresa, llamada al médico y a la ambulancia... Cada uno reaccionó como pudo ante tal acontecimiento, que nos sorprendió a todos de forma tan inesperada después de una agradable cena de amigos entrañables.

¿Cuál fue la reacción de Joaquín, un típico «7»? Se acercó a mí en el mismo instante de los hechos y me susurró al oído: «¡Qué suerte: se ha ido de la mejor manera, él que tenía tanto miedo a la muerte; de manera instantánea, sin sufrir y rodeado de todos sus amigos, después de una cena tan agradable y amistosa».

Efectivamente, una vez pasados el dolor y la confusión iniciales, todos comentaron cuántas veces, a lo largo de esos catorce años de amistad y reuniones, Juan les había confiado el miedo tan espantoso que sentía hacia la muerte. La reacción de Joaquín, nuestro «7», respondía a la realidad; lo sorprendente, y lo que corrobora que es «7», es que el ver lo positivo del trágico suceso fue lo instantáneo e inmediato para él, mientras que los demás sólo cayeron en la cuenta muy a posteriori y después de otras muchas reacciones espontáneas. El ver lo positivo fue algo más reflexivo en los demás, pero en Joaquín fue espontáneo.

8. La negación

Es curioso comprobar la frecuencia y rapidez con que el «8» dice NO. Su postura de entrada ante lo desconocido es: «no».

Clara, una psicóloga que acudió al curso recomendada por otra compañera de profesión, corroboró esta postura del «8». Nos dijo que, a pesar de que su compañera le había dicho que era muy interesante y útil para el ejercicio de su profesión, Clara venía totalmente indiferente hasta que se demostrara lo contrario. Al final reconoció que sí, que su compañera tenía razón; pero ella necesitaba convencerse por sí misma y no se entusiasmaba en general con nada, hasta que lo comprobaba con su propia experiencia.

El mecanismo de defensa de la negación, aplicado a la personalidad «8», consiste en negar todo lo que ellos consideran su debilidad, que no es tal debilidad, como hemos visto, sino ternura y sensibilidad.

De la misma manera que esconden y niegan su parte femenina (anima), niegan también la inocencia en los demás. Lo suyo es desenmascarar, «hacer justicia» descubriendo el engaño, la mentira, lo falso en los demás.

Hemos dicho anteriormente que el «8» experimenta el mundo como un lugar hostil, donde todos mienten, se engañan y se aprovechan unos de otros. Los «8» *niegan* que ellos sean capaces de lo mismo. No son conscientes, o no quieren serlo, de que ellos también son capaces de decir mentiras, engañar, aprovecharse y abusar de otros en un momento dado. De nuevo, esta *negación* es un estar fuera de contacto con su debilidad y sus defectos.

Aunque detectan fácilmente cuándo otros les engañan, ellos *niegan* que también ellos mismos son capaces de engañar.

Miguel se explicaba así: «yo no soy agresivo; soy defensivo ante ataques exteriores». En otra ocasión nos dijo: «si encuentras el talón de Aquiles del otro, le puedes vencer fácilmente y dominarlo». Daniel, otro «8», corroboraba esto mismo diciendo que, cuando discutía con su mujer, sabía darle, con palabras, donde más le dolía, y se denominaba a sí mismo «el gran manipulador» de su mujer.

9. La narcotización

La «narcotización» es la defensa y la protección ideal contra el conflicto, las decisiones y todo lo que supone consumo de energía para la personalidad «9».

Ya hemos aludido al contraste que se da en el «9» entre su pasividad para las cosas importantes y su extremada y sorprendente actividad en cosas minuciosas y triviales, que es su forma de narcotizarse o anestesiar su sensibilidad.

No vuelvo a repetir el caso de Inma, pues ya ha quedado suficientemente claro como ejemplo de narcotización.

Referiré otro caso que contó el propio protagonista en uno de los cursos en los que yo participé como alumna en EE.UU. Resultará especialmente espeluznante para quien trabaje en el campo de la docencia. Nuestro protagonista era director de un centro privado de enseñanza secundaria. Todos sabemos, sobre todo los profesores, que el curso difícilmente puede dar comienzo si los horarios de los profesores no están hechos. Antes de que dé comienzo el curso escolar, todo buen director ha elaborado los horarios, ha distribuido las materias y ha confeccionado las listas de alumnos participantes en cada clase.

Todavía recuerdo, y hace ya casi 10 años, que John (así se llamaba el director irlandés) nos contó que había ido dejando pasar todas las vacaciones de verano sin enfrentarse a la ardua tarea de la elaboración de los horarios del profesorado. Se terminaba el verano, y llegó la tarde anterior al primer claustro de profesores, en el cual se suponía que John debía informar a los profesores de sus horarios. Por fin, esa tarde, haciendo un gran esfuerzo, se encerró en su despacho, dispuesto a elaborar los horarios, que podrían haber estado dispuestos desde el principio del verano. Al llegar a su despacho dispuesto a empezar algo que realmente le supone un esfuerzo, al abrir el cajón de su mesa de trabajo, lo encuentra algo desordenado. No es que el orden le importe mucho a un «9», pero John pospuso unas horas más la elaboración de los horarios, dedicándose minuciosamente a ordenar los lápices, gomas, clips y demás utensilios que llenan los cajones de una mesa de despacho.

Se pasó así la tarde y, al llegar la noche, John, totalmente narcotizado y anestesiado por la minuciosa tarea de ordenar sus cachivaches, se dijo que por qué hacer hoy lo que podía dejar para mañana, y se fue a dormir sin hacer los horarios.

Creo que queda bien patente el mecanismo de defensa del «9»: la narcotización y el hábito de posponer las cosas para el último momento, con la «ilusión» de que alguien haga por él lo que él no es capaz de hacer por pura vagancia.

No puedo decir si John fue capaz de levantarse cuando, a la mañana siguiente, sonó el despertador mucho más pronto de lo habitual...

Cristina, otra participante «9» en los cursos, nos contaba cómo un día, después de darle muchas vueltas, había determinado limpiar su casa a fondo y ordenar todas las cosas que durante mucho tiempo había ido acumulando y dejando sir ordenar. Solía sucederle que cuando, por fin, se decidía a ordenar y limpiar la casa, ocasionalmente, al recoger una revista del suelo, por ejemplo, algo le llamaba la atención, y podía entretenerse leyéndola durante dos horas, posponiendo todo ese tiempo el arreglo de la casa. Se dejaba absorber de tal manera por la lectura de la revista que, «narcotizada», olvidaba la limpieza y arreglo de su casa, que era algo que ciertamente le desagradaba hacer.

6
Mi ego desperdicia energía en...

Junto con el tiempo, solemos perder también bastantes energías. Sin embargo, no somos muy conscientes, por lo general, de nuestra manera peculiar de perder el tiempo. Vamos a ver en este capítulo nueve modos de hacerlo, correspondientes a las nueve personalidades.

De lo que se trata es de que cada cual descubra su propia manera de permitir que la energía vital que genera en su interior salga, como si de un escape de gas se tratara, y se desperdicie.

Podría decirse que el Yo esencial genera energía vital, y que el ego encuentra la manera de desperdiciarla.

Veamos, pues, la «fuga de gas» propia de cada uno de los nueve tipos de personalidad del Enneagrama.

Personalidad-tipo 1

Desperdicia energía preocupándose constantemente por la validez de su propia postura. El creer que siempre tiene la razón le hace estar comprobando constantemente si en realidad la tiene o no.

El «1» pierde tiempo y energía tratando de averiguar quién tiene y quién no tiene razón. Cuando los demás difieren de su opinión, trata de conseguir que se pongan de acuerdo con él. Por otra parte, también desperdicia energía con su afán de enseñar y, sobre todo, de corregir a los demás.

Aunque el ejemplo resulte algo tétrico, no me resisto a recordar a la mujer de Alberto, que, según él, pretendía incluso decirle cuál debería ser la postura que habría de adoptar cuando le encerraran en el ataúd.

Personalidad-tipo 2

Desperdicia energía simpatizando exageradamente con los demás, identificándose con las penas y dolores de cuantos le rodean, en vez de sentir las suyas propias.

Vive los problemas y necesidades de los demás como propios, en lugar de emplear ese tiempo y esa energía en atender a sus propios problemas y necesidades.

Alejandro, el «2» que participó en el curso que acabamos de terminar, nos confesó que el primer día de clase había acompañado al autobús a Magdalena, otra participante en el curso, y que subió con ella por no dejarla sola en el autobús, el cual pasaba también por su casa, aunque dando un gran rodeo que le hacía perder más de una hora.

Estaba dispuesto a hacerlo durante todo el curso —diez semanas—, pero no lo hizo, ya que, al oír la descripción del tipo «2», se dio cuenta de lo que estaba haciendo.

Al confiarnos su descubrimiento, descubrió también que a Magdalena le agradaba que la acompañara hasta la parada, pero que no sentía temor alguno por ir sola en el autobús. A partir de ese momento, Alejandro y Magdalena iban juntos hasta la parada, donde se despedían amigablemente. Alejandro se sintió libre de una obligación que él mismo se había impuesto.

Personalidad-tipo 3

Aunque pueda parecer una perogrullada, el «3» desperdicia su tiempo y su energía por causa precisamente de su actividad; una actividad que fácilmente se convierte en activismo, que cansa y no es eficaz.

También le hace perder mucha energía su pretensión de mantener intacta su imagen, procurando quedar bien con todos, siempre y en cualquier circunstancia.

Personalidad-tipo 4

Desperdicia toda su energía cuando se recrea en su propio dolor, a la vez que suspira por poder gozar de la dicha de la que otros gozan y de la que él se ve privado.

También pierde energía al intentar mantenerse «en orden», racionalizando sin fin sus sentimientos y dando continuas explicaciones ante los demás con la intención de ser comprendido, mientras no deja de decirse a sí mismo y a los demás que su intento es vano, porque, total, nadie le va a entender...

> Carla gozaba expresándose largamente ante los miembros del grupo, que acogíamos con respeto cuanto decía. Pero, hiciéramos lo que hiciéramos, Carla terminaba siempre con la sensación de ser incomprendida, unas veces porque le parecía que no se explicaba bien, y otras porque pensaba que, a pesar de sus explicaciones, no la habíamos entendido. ¡Pobre Carla, cuánto sufrimiento innecesario...!

Personalidad-tipo 5

El «5» desperdicia energía intentando almacenar cosas para futuras necesidades o esforzándose en esconderse de las miradas de los demás. En su intento por lograr su objetivo de pasar desapercibido, el «5» pierde un montón de energía, ya que «está no estando» en las situaciones, participando como un mero espectador con los ojos bien abiertos y, a la vez, ideando estrategias y calculando modos y maneras.

La mirada de un «5» puede resultar un tanto intrigante; fácilmente se adivina toda la actividad mental que esconde tras sus ventanas abiertas al exterior, viendo sin ser visto, mirando al exterior sin dejar ver su interior.

Personalidad-tipo 6

El «6» es muy variopinto en cuanto a sus modos de consumo y pérdida de energía.

Una forma de desperdiciar el tiempo y la energía consiste en aceptar riesgos innecesarios; otra, en dar rienda suelta a su vena anti-autoritaria contradiciendo y contestando una y otra vez a la autoridad.

Pero la mayor pérdida de energía la experimenta «agonizando» de esa manera tan peculiar suya ante una decisión; dudando, pensando y dándole vueltas en su cabeza, paralizando así toda su acción. ¿Cabe mayor pérdida de energía?

Dicha pérdida no se produce sólo antes de la toma de decisión, sino incluso después de tomada y ejecutada la misma: a veces, el «6» se atormenta pensando en si la decisión habrá sido la adecuada;

y tantas vueltas da a las cosas que llega a perder la noción de los verdaderos motivos que le han llevado a tomar una decisión y no otra.

Personalidad-tipo 7

Aunque no nos parezca pérdida de energía, sino mero disfrute, el «7» desperdicia tiempo y energía «fascinándose». Vive tan «alucinado» que pierde la noción de la realidad, saboreando constantemente dicha fascinación y «alucine».

A los que no somos «7» nos cuesta trabajo caer en la cuenta de que, a base de tanto gozar y saborear, el «7» puede realmente dejar de vivir y sentir verdaderamente la realidad.

Personalidad-tipo 8

La forma característica del «8» de desperdiciar energía consiste en castigarse a sí mismo y a los demás.

Se castiga a sí mismo cuando experimenta su propia impotencia, haciendo aún más penoso tal descubrimiento. Y castiga a los demás impacientándose cuando éstos no responden a sus expectativas.

Con la realidad se enfadan y se enemistan cuando no funciona como él cree que debería hacerlo.

Personalidad-tipo 9

Dos palabras describen la pérdida de la poca energía de que dispone el «9»: «evitar» y «demorar».

El «9» desperdicia energía evitando conflictos, huyendo de ellos, tratando con toda su energía —que no es mucha— de huir de todo cuanto suponga conflicto.

Trata además de demorarlo todo, desperdiciando así gran parte de la energía que podría poner en funcionamiento. El «no dejes para mañana lo que puedas hacer hoy» lo vive el «9» completamente al revés. A lo largo de los cursillos, he oído una y otra vez a personalidades «9» decir: «¿Para qué hacerlo ahora, si puede esperar...?»; y les he oído también expresar su asombro ante las «prisas» de los demás diciéndoles: «Pero ¿por qué os agobiáis, si eso se puede hacer mañana?». Los demás difícilmente ven las cosas con tanta calma...

7
Nueve estilos de comunicación

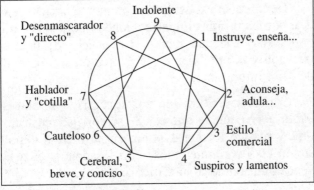

Figura 7: Nueve estilos de comunicación.

Tipo 1

El «1» *instruye, enseña, sermonea;* implícita o explícitamente, va de profesor, de maestro, de predicador... Siente la necesidad de compartir su «perfección» enseñando a los demás a hacer las cosas bien. Llevado al límite, recuérdese el caso de Alberto, en el apartado 1 del capítulo anterior.

El «1» habla autoritariamente, como quien sabe que lo que él dice está bien dicho y es lo que tiene que ser.

Habla clara y directamente y dice las cosas como son; para él, el ser sincero es muy importante. Detesta la mentira, el engaño y la injusticia. «¡No es justo!» es una expresión habitual en labios del «1», que muchas veces se muestra «argumentativo» para demostrar que tiene razón.

También se excusa frecuentemente y pide perdón por las propias imperfecciones, incluso por no expresarse adecuadamente. La exactitud, la corrección y la precisión en la expresión son para él de gran importancia.

Como su crítico interior le corrige mientras habla, es frecuente que el «1» se corrija, reestructure y matice lo que expone; en su misma exposición está comunicándose con los demás y, a la vez, contestando a su crítico interno.

Tipo 2

El «2» *aconseja, adula, piropea...* Intenta «salvar» y ayudar por medio de su conversación. Le gusta intimar y sabe conseguir que los demás le cuenten sus intimidades: penas, necesidades, sufrimientos...

Sabe escuchar estupendamente y es muy simpático con quienes le escuchan.

Prefiere las conversaciones íntimas con otra persona, más que en grupo.

Sin embargo, aunque invita a los demás a abrirse, él es incapaz de desvelar su intimidad: sería descubrir que también él tiene necesidades.

Tipo 3

Es el estilo *comercial*: experto en «marketing», sabe anunciar y «vender la mercancía». Todo consiste en saber presentar el producto y convencer al otro de la bondad de lo que se ofrece.

> Una gran colaboradora mía, Victoria —hasta su nombre cuadra con su personalidad—, me decía: «Si me gusta algo, y creo que es bueno y útil para los demás, no me recato en decirlo». Cuando trabajábamos juntas en la elaboración de los programas de los cursos, ella, no contenta con describir su contenido, me decía: «Esto no le dice nada a la gente si no ven su utilidad y aplicación inmediata; además del contenido, tenemos que decirles: 'esto te va a servir para esto, y con esto vas a conseguir esto otro'»... Siempre práctica y «eficaz», mi lenguaje le parecía demasiado teórico, «poco práctico».

Tipo 4

El «4» intercala frecuentes *suspiros y lamentos* con los que intenta comunicar el peso de su sensibilidad y sufrimiento. Frecuentemente utiliza la poesía y toda forma de lirismo para expresar la riqueza e intensidad de sus sentimientos.

Su comunicación no verbal es muy expresiva, y su silencio es vibrante y comunicativo. Para él, las palabras sobran cuando pueden comunicarse en el silencio: su forma de comunicación preferida es la expresión artística en cualquiera de sus formas.

Cualquier expresión artística comunica mejor sus sentimientos que la palabra hablada, la cual siempre resulta pobre y escasa para transmitir la riqueza e intensidad de sus vivencias.

Tipo 5

La comunicación de los «5» es más bien *cerebral*, poco emotiva. Lo importante es ir al grano, a lo esencial, prescindiendo de adornos y aditamentos innecesarios: «lo bueno, si breve, dos veces bueno».

Suelen ser, pues, personas de pocas palabras. Hablan poco; pero, cuando lo hacen, aciertan, en una frase corta, con lo esencial.

En grupo, suelen participar poco y, generalmente, esperan al final para hacerlo; entonces *resumen y sintetizan* las aportaciones de los demás, encajando perfectamente unas con otras y logrando una síntesis muy exacta.

Lo suyo es sintetizar y resumir; ver cómo las partes se relacionan entre sí. Prefieren ver más la estructura que los detalles. Su inteligencia es como de «rayos X»: captan lo esencial, la estructura, el esqueleto; la «carne», los detalles, son innecesarios.

Mi buen amigo y colega Nicanor, con quien he asistido a distintos cursos de interés profesional para ambos, al final de cada uno de ellos me regala una perfecta y esquemática síntesis, con cuadros sinópticos y gráficos que resumen sucintamente la vivencia y los conocimientos que yo he tenido que recoger en numerosos folios.

Tipo 6

Los «6» son *cautelosos* también a la hora de comunicarse. Preparan el terreno, avisan y ponen límites: ¡cuidado! Y extreman su cautela con aquellos de quienes no se sienten seguros. Sin embargo, son muy simpáticos y amigables con quienes perciben como de los suyos: «Estoy contigo, no temas». Con los suyos se muestran superprotectores y paternales (o maternales).

Cuando dudan, lo manifiestan en su forma de hablar; es como si tartamudearan mentalmente. Cuando se sienten seguros, por el contrario, transmiten su firmeza y seguridad en su manera de comunicarse; se les nota incluso en el tono de voz.

Tipo 7

Al «7» *le fascinan los relatos*; por eso todo lo convierte en un relato fascinante. Son frecuentes en él expresiones como «¡Qué interesante!»; «¡Esto es fabuloso!»; «¡Alucinante!»; «¡Fantástico!»; «¡Maravilloso!»...

Suele ser muy comunicativo y hablador, y con frecuencia anima las reuniones y mantiene el tono distentido y jocoso. También puede parecer un tanto superficial, pues realmente evita abordar temas serios, dado que lo que pretende es divertirse y pasar un rato entretenido entreteniendo a los demás.

Le gusta contar cuentos y referir historias; puede incluso resultar algo «cotilla»: el cotilleo es un tema fácil que el «7» convierte en relatos, cuentos e historias que le dan color a la vida. Le encanta entretener a los demás con su conversación, pues desea que todos estén contentos y sonrían; y esto es lo que procura y lo que consigue muchas veces.

Suele recurrir al uso de analogías y metáforas como una manera de huir de la, a veces, cruda y dolorosa realidad.

Tiene un gran sentido del humor y sabe contar chistes. Se ríe de sí mismo y hace reír a los demás. Sabe animar una reunión, presentar un espectáculo y ejercer de maestro de ceremonias.

Tipo 8

Al «8» le encanta *desenmascarar*, detectar en los demás sus incoherencias y hacérselas saber. Llega a ser exageradamente sincero y directo. No se anda con rodeos: lo que tiene que decir, lo dice. Va al grano. No es, pues, demasiado diplomático.

Puede llegar a resultar basto, vulgar y hasta grosero en sus expresiones. Además, es desmitificador. Caiga quien caiga, a él le trae sin cuidado; lo suyo es «desmontar los montajes».

Tipo 9

La indolencia característica del «9» se deja sentir en su forma de comunicarse. Su frase típica: «¡*Qué más da...!*».

Suele hablar con una cierta monotonía y empleando un timbre de voz bastante bajo; le falta entusiasmo incluso para hablar. No enfatiza frases ni palabras: todo tiene la misma importancia, o todo carece de importancia...

No distingue, a la hora de exponer un tema, entre lo que es importante y lo que es insignificante. Por eso resulta difícil descubrir qué es lo que le parece fundamental y qué es lo que considera accesorio. Habla de generalidades, sin detallar ni especificar.

8
Cómo reaccionamos
al identificarnos con nuestro tipo

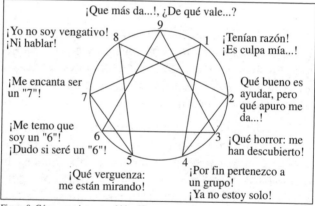

Figura 8: Cómo reaccionamos al identificarnos con nuestro tipo.

En los cursos de Enneagrama se van describiendo los rasgos de los nueve tipos de una manera circular y gradual, de modo que, poco a poco, cada uno de los participantes va identificándose con aquellos tipos en los que descubre características en las que se ve reflejado, hasta que llega un momento —que podríamos llamar de «iluminación»— en el que cada cual identifica su rasgo fundamental con uno de los nueve tipos.

En todo momento, cada uno actúa de la manera propia y característica de su personalidad-tipo. Hasta en la manera de reaccionar cada uno de los tipos al identificarse, la reacción es típica. A este respecto, como en otras ocasiones, hay que recordar que no todas las personas reaccionan siempre igual ante las mismas circunstancias. Hemos de estar abiertos en todo momento a la sorpresa de una reacción única y singular, propia y diferente de la aquí reseñada.

El «1», por lo general, reacciona diciendo: «¡Tenían razón! La verdad es que no siempre tengo yo razón, aunque actúe como si siempre la tuviera…»

Otra reacción consiste en sentirse de alguna manera responsable de que las cosas no sean tan perfectas. También se da en el «1» cierta culpabilidad o vergüenza ante sus reacciones de enfado.

El «2» tiene dos reacciones encontradas: por un lado, le agrada descubrir su disponibilidad para ayudar; por otro, le avergüenza el que se descubra la verdadera motivación de esa su actitud, aparentemente tan generosa, de ayuda.

El «3» siente la vergüenza propia de quien ve cómo le arrebatan una máscara con la que oculta aspectos no tan agradables de su verdadero rostro. Por otra parte, siente que esto puede ser el comienzo de un vivir más auténtico, por lo que experimenta también alegría.

El «4» reacciona gozosamente al descubrir que hay más personas como él. Es un momento de alegría exultante: el momento romántico de sentir que pertenece a un grupo de gente, que no está solo, que hay otros que sienten como él...

A lo largo del curso, el romanticismo cede y da paso a la trágica constatación de que, aun perteneciendo a un grupo de personas semejantes a él, sus sentimientos siguen siendo singulares, lo cual le impide liberarse de su sensación de ser incomprendido y «distinto».

El «5» reacciona con su timidez característica. Durante los cursos, nos sentamos en círculo para poder mirarnos y escucharnos mutuamente; como es lógico, nuestras miradas se posan en la persona que habla en cada momento. Pues bien, es frecuente que el «5» se ruborice cuando se sabe el centro de atención del grupo, y es ésta precisamente su reacción cuando se identifica y lo comunica al resto del grupo.

En ese momento siente quizá con mayor intensidad las miradas de los demás. Recuerdo particularmente las intervenciones de Isolina, una «5» muy centrada y que hablaba pocas veces y muy concisamente; además, cada vez que participaba, su rostro enrojecía invariablemente, a pesar de que, junto a su rubor, nos dedicaba la mejor de sus sonrisas. Sus frases eran lapidarias y típicas de un «5». Recuerdo algunas: «lo mío es mirar y callar»; «oigo más por los ojos que por los oídos»; «mi lugar sería una garita desde la que pudiera verlo todo sin ser yo vista»; «lo mío es vivir siempre escondida»...

La reacción del «6» también es muy típica: suele identificarse rápidamente en cuanto se habla del temor como algo característico del «6». Su reacción es doble: la instantánea («¡Me temo que soy un 6!») y la retardada (le entran dudas de si lo será o no, al menos durante los primeros días del curso, aunque en algún caso las dudas se han mantenido hasta el último día). Precisamente esto confirma que se trata de un «6»: la propia duda de si realmente lo es y la necesidad de que le resuelva la duda la figura que representa la autoridad (por lo general, la persona que imparte el curso). Mientras ésta no emita su juicio, no se desvanecerán sus dudas; y a veces, en los casos más extremos, ni por ésas...

Al descubrir la personalidad «7», a todos suele atraerles su optimismo y su espíritu positivo. Al empezar el curso, todos envidian esta personalidad. Y los «7», lógicamente, se sienten felices y satisfechos al descubrirse como tales. Les fascina aún más su manera de ser y «alucinan» al verse descritos tal como ellos se experimentan.

La reacción del «8» es semejante a su mecanismo de defensa: la negación. El «8» niega que lo sea. Por un lado, es como si se avergonzara de que se haya descubierto su enorme sensibilidad y ternura; por otro, niega rotundamente su aspecto vengativo o de represalia.

Lógicamente, a medida que avanza el curso y cada cual conoce más profundamente su propio tipo, estas reacciones de sorpresa se van atemperando y dando paso a una aceptación total, por parte de cada cual, de su modo peculiar y propio de ser.

El «9» reacciona con esa falta de entusiasmo y de excitación que le caracteriza. Lo que realmente sale a la superficie es su infravaloración. ¡Qué más da haber descubierto que se es un «9»…! ¿De qué va a valer y qué diferencia sustancial va a significar para su vida…?

Bajo esa actitud indolente y esa aparente falta de reacción, el «9» va adentrándose en sí mismo y en el curso, y termina, callada y pausadamente, con un gran conocimiento propio y del sistema.

9
Las nueve super-preocupaciones del ego

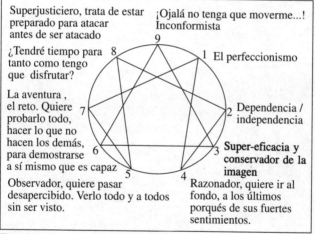

Superjusticiero, trata de estar preparado para atacar antes de ser atacado

¡Ojalá no tenga que moverme...! Inconformista

¿Tendré tiempo para tanto como tengo que disfrutar?

El perfeccionismo

La aventura, el reto. Quiere probarlo todo, hacer lo que no hacen los demás, para demostrarse a sí mismo que es capaz

Dependencia / independencia

Super-eficacia y conservador de la imagen

Observador, quiere pasar desapercibido. Verlo todo y a todos sin ser visto.

Razonador, quiere ir al fondo, a los últimos porqués de sus fuertes sentimientos.

Figura 9: Las nueve super-preocupaciones del ego

Cada uno de los nueve tipos tiene una preocupación característica que, en las etapas o momentos de mayor «descentramiento», llega a convertirse en super-preocupación, en algo que de manera obsesiva —«compulsiva», según el vocabulario propio del Enneagrama— les ocupa y preocupa.

Creo que no es necesario abundar más en la
explicación de las super-preocupaciones. Con lo
ya expuesto hasta ahora acerca de cada uno de los
nueve tipos, y con una ojeada a la figura 9, el
lector podrá captar por sí mismo a qué nos referimos.

10
Las nueve «trampas»
y las nueve «tentaciones» del ego

Nueve trampas

Por «trampas» nos referimos a los estilos o formas habituales de actuar en que fácilmente queda atrapado cada uno de los nueve egos, con la consiguiente pérdida de libertad de ser y de actuar por parte del Yo. Las trampas están muy relacionadas con las super-preocupaciones que hemos visto en el capítulo anterior.

Figura 10: Las nueve trampas del ego.

Fácilmente se entiende que al «1» le atrapa su propio afán de perfección. Al «1», como al resto de los nueve tipos, puede aplicarse aquello de que «lo mejor es enemigo de lo bueno», o aquello otro de que «lo bueno, en exceso, es malo». Una vez más conviene recordar que «lo importante es no perder el centro».

Nueve tentaciones

Muy semejantes a las «trampas», pero con un matiz característico y propio de cada tipo, llamamos «tentaciones» a aquello que cada personalidad-tipo pretende conseguir en demasía, en exceso. El «3», por poner un ejemplo, tiene la tentación de pretender ser demasiado competitivo...

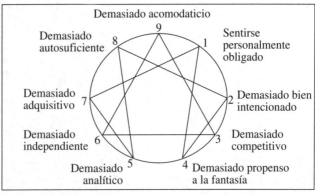

Figura 11: Las nueve tentaciones del ego.

11
Nueve deseos
y nueve miedos característicos

Cada una de las nueve personalidades tiene un deseo básico y un temor igualmente básico que citamos a continuación.

Todo ser humano siente un cierto grado de inseguridad que en cada tipo adopta la forma de un temor básico. Y todo ser humano desea ser tenido en cuenta, apreciado, valorado... Este profundo deseo (de ser amado, en definitiva) adquiere también una forma característica en cada uno de los nueve tipos:

«1»: *Desea* estar en lo cierto, tener razón.
Teme ser juzgado o condenado por sí mismo o por los demás.

«2»: *Desea* ser querido.
Teme no ser querido por sí mismo, por ser quien es, sino por la ayuda que presta.

«3»: *Desea* ser aceptado y valorado.
Teme ser rechazado.

«4»: *Desea* entenderse a sí mismo.
Teme cualquier clase de carencia, defecto o inadecuación.

«5»: *Desea* entender el mundo que le rodea.
Teme sentirse apabullado por alguien que sepa más que él.

«6»: *Desea* sentirse seguro de sí mismo.
Teme verse abandonado y quedarse solo.

«7»: *Desea* vivir satisfecho y feliz.
Teme quedarse sin nada, padecer escasez o penuria.

«8»: *Desea* fiarse de sí mismo, ya que desconfía de todos, incluso de sí.
Teme someterse a otros.

«9»: *Desea* la unión con otra persona.
Teme la separación de esa persona.

12
Otras denominaciones
de las nueve personalidades-tipo

Las denominaciones que hemos venido usando
hasta ahora hacían referencia únicamente a las
fijaciones o comportamientos compulsivos; por
eso tales denominaciones nos resultan negativas
(no hay que olvidar que se trata del estado «ego»
del Yo).

Las siguientes denominaciones contemplan
cada uno de los nueve tipos de una manera más
global, por lo que abarcan más características que
las relacionadas con lo meramente compulsivo:

«1»: Perfeccionista o reformador...

«2»: Dador, siempre dispuesto a ayudar, adulador...

«3»: Ejecutor, eficaz, hacedor, mantenedor
del status...

«4»: Artista, romántico, trágico...

«5»: Pensador, observador...

«6»: Leal...

«7»: Epicúreo...

«8»: Jefe, mandón...

«9»: Pacífico, mediador, apaciguador...

13
Las tríadas

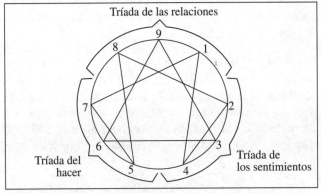

Figura 12: Las tríadas.

Comenzamos con este capítulo a examinar la relación existente entre los nueve tipos, que agruparemos en tres «tríadas»:

    * La tríada de los *sentimientos* (personalidades-tipo «2», «3» y «4»).

    * La tríada del *hacer* (personalidades-tipo «5», «6» y «7»).

* La tríada de las *relaciones* (personalidades-tipo «8», «9» y «1»).

a) La tríada de los *sentimientos* se caracteriza por el deseo y, a la vez, la dificultad de expresar los genuinos y reales sentimientos y emociones.

El «2» tiende a expresar en demasía sus sentimientos hacia los demás, con los cuales es muy efusivo; sin embargo, consigo mismo reprime sus propios sentimientos y necesidades.

El «3» está menos en contacto con sus sentimientos, aunque su imagen puede dar impresión de todo lo contrario.

Todo lo opuesto al «2» es el «4», que, aunque es muy consciente de sus sentimientos, apenas los expresa. Tal vez le resulta más fácil hacerlo a través de las diferentes expresiones artísticas, que es muy dado a cultivar, pues precisamente con el arte expresa lo que, de otra manera, le cuesta tanto comunicar.

Las tres personalidades de la tríada de los sentimientos tienen dificultades de identidad y propenden a ser hostiles.

b) Las tres personalidades de la tríada del *hacer* tienen problemas de inseguridad y de ansiedad, que se expresan de diferentes maneras y por distintas causas.

El «5» experimenta una cierta inhabilidad para hacer, y lo sustituye por el pensar. Desarrolla teorías y sistemas muy «cerebrales» y con escaso contacto con la realidad.

El «6» tiene dificultades para tomar decisiones por sí mismo sin el permiso y la aprobación de una figura de autoridad. La dificultad desaparece cuando tiene «permiso» para actuar.

El «7» no tiene ningún problema con el hacer; al contrario: puede hacer demasiadas cosas a la vez, hasta el punto de convertirse en un sujeto hiperactivo.

c) La tríada de las *relaciones* tiene en común la agresividad y la represión.

La manera típica de relacionarse del «8» consiste en controlar y dominar su entorno y a todos cuantos lo forman. Se relaciona sintiéndose él más fuerte que nadie.

El «9» es el que más dificultades tiene para relacionarse con el mundo sin identificarse con otra persona. De hecho, vive a través de esa otra persona, como impulsado y animado por ella, en lugar de hacerse él mismo autónomo e independiente.

El «1» apenas manifiesta su capacidad de relacionarse con el entorno, en el sentido de que necesita sentir que tiene razón antes de actuar, y sólo así justifica su acción.

14
Los «laterales», o tríadas de la «imagen», el «miedo» y el «enfado»

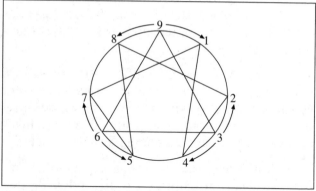

Figura 13: Los "laterales" del "3", "6" y "9".

Las personalidades «3», «6» y «9» son las tres personalidades centrales del Enneagrama. Las personalidades «laterales» a cada una de ellas (las «alas») son variaciones —con un distinto matiz en cuanto a la preocupación básica— de la personalidad central de la tríada («3», «6» y «9»).

Ese matiz o tono emocional es el que hace que cada personalidad sea distinta. No hay dos personas iguales, aunque sean del mismo tipo de personalidad.

Cada cual tiene que descubrir, una vez identificado su tipo base de personalidad, hacia qué «ala» o «lateral» de su tipo dominante propende.

Las dos «alas» afectan al tipo central, aunque una será, por lo general, más dominante que la otra.

La preocupación básica que el «3» siente por la *imagen* la experimentan también, aunque en un tono distinto, el «2» y el «4». Dicha preocupación se refiere a la imagen que de sí mismo ha creado o inventado cada uno de ellos. Una vez creada, tratan de presentarla ante los demás, la defienden y la protegen, y se preocupan de lo que los demás puedan pensar de ella.

La pregunta obligada a cada una de las personalidades que conforman esta tríada es: «¿Qué estás sintiendo?». El «3», la personalidad central de la tríada, vive esta pregunta de manera especial. Diversas personalidades «3» han expresado con palabras como «congelar» o «helar» lo que hacen con sus sentimientos. El «3» es una persona de muchos sentimientos, pero que muchas veces parece haberlos dejado en suspenso. Un «3» se expresaba de esta manera: «Sé que tengo esos sentimientos, pero actúo como si no los tuviera; y los demás, seguramente no se dan cuenta de lo que estoy sintiendo». Otro «3» —como indicaba anteriormente— decía «congelar» sus sentimientos; y otro expresaba algo muy parecido: «Se me helaron los sentimientos».

La personalidad-tipo «2» es la versión *exteriorizada* de la pregunta básica de esta tríada: «¿Qué estás sintiendo?». El «2» siente lo que sienten los demás, vive identificado con los sentimientos ajenos.

La personalidad-tipo «4», en cambio, es la versión *internalizada* de esa misma pregunta. Lo propio y característico del «4» es la dramatización de los sentimientos.

La preocupación básica de la personalidad-tipo «6» es el *miedo* y todas las emociones relacionadas con el mismo.

El «6» experimenta el miedo en su interior y lo proyecta hacia fuera.

El «5» *internaliza* aún más ese miedo, que es incluso miedo a sentir. El «5» vive temiendo sentir.

El «7», sin embargo, vive un miedo *exteriorizado*, es decir, un miedo difuso, diluido en opciones «agradables».

La preocupación básica de la personalidad «9» es el sueño, entendido éste como olvido de sí y de sus prioridades personales. Pero, además de este olvido, el «9» comparte con el «8» y con el «1» el *enfado*.

En el caso del «9», podríamos decir que el enfado ha quedado adormecido; el «9» vive el enfado de una manera indirecta. La agresividad pasiva es propia y característica del «9».

En el «1», el enfado es *internalizado* (recordemos su dificultad para manifestar el enfado, ya que considera que el enfadarse es una imperfección). El enfado del «1» es por una causa que él considera justa o perfecta.

En el «8», el enfado es totalmente *exteriorizado*. El «8» no sólo se enfada fácilmente, sino que también lo manifiesta sin ninguna dificultad.

15
Tres estilos de relación

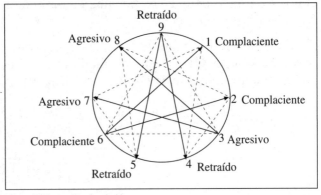

Figura 14: Tres estilos de relación.

El Enneagrama habla de tres tipos o estilos de relación con los demás.

El primero es el tipo introvertido y *retraído*: el de quien se aleja o *distancia* de los demás.

El segundo es el *agresivo*: el de quien está permanentemente al ataque o *en contra* de los demás.

El tercero y último es el *complaciente*: el de quien adopta la actitud de *ir hacia* los demás.

Veamos cómo se dan estos tres tipos de relación en cada una de las tres personalidades-tipo de cada tríada.

En la tríada de los sentimientos —«2», «3», «4»—, el «2» es el tipo *complaciente*, cuyo movimiento es siempre de acercamiento a los demás.

El «3» es el tipo *agresivo*: su competitividad le hace ir en contra de los demás.

El «4» es el *retraído*: se distancia de los demás, al no expresar sus sentimientos fácilmente a quienes le rodean.

En la tríada del hacer —«5», «6», «7»—, el «5» es, obviamente, el *retraído*: huye de los demás refugiándose en el mundo de las ideas.

El «6» es el *complaciente*: suele depender de figuras de autoridad o de alguien a quien considera más fuerte que él.

El «7» es el *agresivo*: puede manipular a los demás y avasallarlos, con tal de conseguir lo que quiere.

En la tríada de las relaciones, el «8» es el *agresivo*: se muestra agresivamente fuerte (valga la redundancia) con tal de obtener lo que desea.

El «9» es el *retraído*: se olvida tanto de su crecimiento personal que, lógicamente, se retrae también respecto de los demás.

El «1», finalmente, es el tipo *complaciente* con las personas que comparten los ideales que él mismo persigue.

16
Tres estilos de intuición

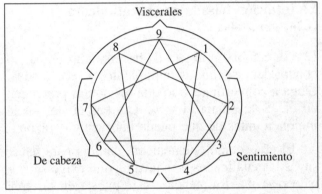

Figura 15: Tres estilos de intuición.

La intuición basada en el cuerpo («8», «9», «1»)

La personalidad-tipo «1» percibe (o «sensa», de sensación) la posibilidad de perfección en los sucesos y acontecimientos diarios, normales y corrientes. Tiene una especial facilidad para captar la imperfección: la percibe o «sensa» como un obstáculo a la perfección que podrían tener las cosas.

La personalidad-tipo «9» es como un espejo que absorbe la imagen de quien se pone delante. Se funde o se hace una sola cosa con el que tiene una opinión distinta de la suya.

La personalidad-tipo «8» «sensa» con todo su cuerpo e intuye el poder y las cualidades de los demás y de las circunstancias.

La intuición basada en el sentimiento
(«2», «3», «4»)

El «2» cambia al objeto de hacerse más empático con los demás, con sus sentimientos y necesidades. Llega a convertirse en lo que los demás pretenden de él. Se asemeja el «9». Las emociones se le imponen antes de que pueda intervenir la razón.

El «3», como el camaleón, cambia para hacer suyas las cualidades y requisitos que exige su trabajo o «rol». Su atención está puesta en la tarea («task») y en las reacciones de los demás ante ella. Su intuición puede cambiar y adaptarse incluso antes de que él mismo haya decidido *mentalmente* qué hacer.

El «4» se identifica con las emociones de los demás, sobre todo con su dolor. Le producen una especial resonancia emocional los sentimientos de los demás. Puede incluso conectar con el estado anímico de personas ausentes o distantes.

La intuición basada en la mente («5», «6», «7»)

El «5» observa imparcialmente. Tiene tal capacidad de observar que puede ser un testigo perfectamente objetivo, sin dejar que interfieran sus propios sentimientos o pensamientos personales.

El «6» detecta y desenmascara con su imaginación las intenciones ocultas y no explicitadas que se esconden tras las apariencias.

El «7» tiene una habilidad especial para establecer asociaciones entre los elementos más dispares. Es capaz de relegar mentalmente un problema a un segundo plano mientras prosigue con otras actividades. Cuando está en la acción, algo de esa actividad le sirve de «chispa» asociadora que le ayuda a resolver el problema anterior.

SEGUNDA PARTE

EL YO ESENCIAL,
O MI YO CENTRADO

17
Cuando los tres «centros vitales» viven en armonía

En la Introducción del libro examinábamos y diferenciábamos el «yo» esencial del «ego».

En la Primera Parte nos hemos adentrado en la compulsividad o descentramiento del ego en sus nueve manifestaciones. Recordamos que el yo esencial y el ego son dos caras de una misma moneda, y que el ego es la distorsión o exageración descentrada del yo esencial.

Vamos a ver ahora las nueve manifestaciones del yo esencial, es decir, el yo *centrado*, apuntando algunas sugerencias que nos ayuden a vivir «centrados» desde nuestro yo esencial, evitando, por tanto, vivir «descentrados» o dominados por la compulsividad del ego.

Hemos insistido en que el objetivo del Enneagrama es el propio conocimiento. Lo que se pretende, al tratar de descubrir nuestra fijación en un tipo de personalidad, es intentar por todos los medios vivir centrados en nuestras cualidades esenciales. Lo importante es conocer nuestro ego para liberarnos de su tiranía y vivir guiados por el yo esencial.

Vivir centrados significa vivir nuestro yo auténtico, ser realmente quienes somos, guiados por nuestro yo esencial. En esto consisten la salud mental, el equilibrio emocional y el vivir en plenitud. Es todo lo contrario de vivir descentrados o dominados por la fijación de nuestro ego.

Cuando estamos centrados, los tres centros vitales —cabeza, corazón y centro visceral— viven en armonía, sin interferencias por parte del ego: el centro visceral vive consciente de sus propias necesidades; es y existe en la seguridad de su ser y existir. El centro emocional vive —con gran tranquilidad y paz interior— consciente de las necesidades de los demás; el interior y la imagen que proyecta al exterior son coherentes. El centro intelectual vive con un sentido muy claro de su lugar y su contexto en la vida; piensa y decide con claridad; su autoridad propia es reconocida y poseída sin interferencias de ningún tipo por parte del ego.

Cuando, por el contrario, estamos descentrados, el ego se impone con sus fijaciones, y cada centro actúa de manera independiente y desorganizada, tratando de dominar sobre los otros dos centros e interfiriendo en ellos con su actuación. Los tres centros piensan, sienten y actúan compulsivamente.

«Centrarse» significa liberar a los tres centros de la compulsividad del ego para que cada uno de ellos actúe espontánea y libremente.

La sanación, integración o centramiento del centro visceral consiste en el cambio de las actitudes profundas, viscerales; lo cual conlleva el cambio de unos comportamientos que anteriormente eran compulsivos.

Vamos a intentar ver con mayor detenimiento cómo el centrarse visceralmente, según el Enneagrama, consiste en redescubrir y fomentar las cualidades del número opuesto (en contra de la dirección de la flecha) y asumir y hacer propia la idealización de ese número opuesto.

El centrarse emocionalmente, por su parte, consiste en sustituir las pasiones del ego por la cualidad esencial. Supone no vivir ya dominado compulsivamente por la pasión, sino cambiar esta respuesta emocional característica del ego (pasión) por la cualidad esencial que fluye del yo de una manera natural y espontánea.

El centrarse intelectualmente, por último, consiste en cambiar la manera característica —distorsionada— que tiene el ego de percibir la realidad por la idea sana o percepción correcta de esa misma realidad. Las ideas sanas actúan como psicocatalizadores que «organizan» el psiquismo, y sustituyen a la idealización del ego,

Figura 16: Lo importante es no perder el centro.

Hay dos «caminos» que indica el Enneagrama para alcanzar la sanación.

Uno es el llamado «Camino de Apolo» y coincide con el «agere contra» de la ascética tradicional: hacer lo contrario de lo que sugieren las fijaciones o compulsiones del ego, practicando los comportamientos opuestos, tratando de adquirir las cualidades no propiciadas por ese mismo ego.

Todos tenemos, en mayor o menor grado, las cualidades de los nueve tipos de personalidad definidos por el Enneagrama. Centrarse o reganar el equilibrio, según el «Camino de Apolo», consiste en fomentar y adquirir las cualidades esenciales del número opuesto, que es aquel cuya flecha apunta hacia nosotros. (El opuesto al «1», por ejemplo, sería el «7»; el opuesto al «3», el «6»; etc.).

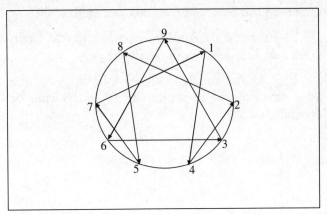

Figura 17: El "Camino de Apolonio" y el "Camino de Dionisio".

El otro camino es el «Camino de la Izquierda», también conocido en la tradición como «Camino de Dionisio», que lleva a centrarse por saturación de compulsividad. Consiste, pues, en identificarse con las fijaciones y comportamientos compulsivos del ego y llegar, por saturación, a la «catarsis» que proporciona el centramiento conseguido después de experimentar un mayor descentramiento y al añadir a la compulsividad propia de nuestro tipo la compulsividad del número al que apunta la flecha que arranca de nosotros.

Es decir, a aquello de lo que espontáneamente huía nuestro número, se añade aquello de lo que huye el número opuesto (a favor de la dirección de la flecha), aumentando así la compulsividad o descentramiento. La única esperanza de lograr el centramiento por este camino consiste, como decíamos, en buscar una catarsis por saturación.

El «Camino de Apolo», pues, es el que va en contra de la dirección de la flecha.

El «Camino de Dionisio», en cambio, es el que va a favor de la dirección de la flecha (mayor compulsividad).

18
La integración del centro visceral

(En contra de la dirección de las flechas: hacia el centramiento; a favor de la dirección de las flechas: hacia el descentramiento).

Personalidad-tipo «1»

Para *centrarse* o recobrar el equilibrio, el responsable y excesivamente serio tipo «1» necesita redescubrir y fomentar en sí mismo las cualidades de la personalidad-tipo «7».

Recordemos que el «1» vive esforzándose siempre por conseguir una mayor perfección, siempre insatisfecho con lo ya alcanzado y con el presente. Todo ello le hace ser un tipo más bien pesimista y que tiende a darle muchas vueltas a sus propios fallos, con su «juez interno» corrigiéndole incesantemente.

Lo que puede centrarle, por tanto, es adquirir el optimismo característico del «7», recobrar la dimensión infantil y lúdica de su Yo y ser más alegre y flexible, en lugar de tomárselo todo tan en serio. Necesita mayor imaginación; detectar lo positivo de cada situación; ser capaz de ver la botella medio llena —como el «7»— y no medio vacía, que es su tendencia descentrada. Necesita hacer suya la idealización del «7» —«estoy bien»...— y poder decir: «estoy O.K.; no soy perfecto, lo sé, pero está bien el no serlo». Necesita aceptar el presente y las situaciones tal como son. La situación no es perfecta, pero es O.K.; está bien no ser perfecto»; «el universo aún no es perfecto, pero es O.K., está muy bien»... Necesita reconocer que el Creador del universo todavía no lo ha terminado, que el universo está en proceso, en vías de perfeccionamiento, pero que no depende de él —el «1»— el que ese universo llegue a la meta de su perfección.

En cambio, lo que le *descentra* y le hace aún más compulsivo es comprobar cómo, cuando su juez interior le dice: «aún puedes más», él no logra la perfección; entonces vuelve toda su rabia, su enfado y su resentimiento en contra suya, se desilusiona y se deprime y, al igual que el «4», sufre, lamenta su destino y se siente incomprendido. Y absolutiza las cosas diciéndose a sí mismo: «nadie me quiere, porque jamás seré perfecto»... Al igual que el «4», huye ahora de las simples alegrías y tristezas y se vuelve aún más rígido en su compulsividad.

Personalidad-tipo «2»

Para *centrarse* o recobrar el equilibrio, el «2» necesita fomentar la sensibilidad del «4», que significa vivir más en contacto con sus propios sentimientos, necesidades y deseos profundos.

En lugar de sentirse poco importante, necesita poder decir: «Yo cuento, como cuentan mis sentimientos, mis necesidades y mis deseos profundos; por lo tanto, me merezco dedicarme algo más de tiempo a mí y atender a mis deseos y necesidades».

Necesita también hacer suya la idealización del «4» y poder decirse a sí mismo: «¡Soy especial! ¡Soy único!», en lugar de diluirse en los sentimientos de los demás.

Igualmente puede centrarle el poder dedicarse, como el «4», al cultivo de la belleza en cualquiera de sus manifestaciones. Necesita tener algún «hobby» con el que poder expresarse a sí mismo y sus sentimientos. Al igual que ocurre en la expresión artística, necesita expresarse tal como es, sus simples alegrías y tristezas, sin necesidad de exagerarlas ni reprimirlas.

Pero, sobre todo, lo que el «2» necesita es saber que le está permitido decirse «sí» a sí mismo y «no» a los demás.

Lo que le *descentra* y le hace aún más compulsivo es el hecho de —a fuerza de darse y darse compulsivamente— perder contacto consigo mismo, con su ternura y gentileza, volviéndose agresivo como el «8». En este estado se olvida no sólo de sí mismo, sino también de aquellos a los que ha estado ayudando incansablemente, y se niega a seguir ayudándoles. Peor aún: crece el olvido de sí y la negativa a ayudarse a sí mismo o a recibir ayuda. «¡Nadie me quiere! ¡Nadie me aprecia!», se lamenta; y se encierra y es cada vez menos abierto a sí mismo y a los demás. Se vuelve irritable y no hace más que quejarse y mostrarse agresivo y deprimido. Ha trabajado tanto por los demás que se le ha agotado la energía.

Y, al igual que el «8», huye ahora de lo sensible, de lo tierno, se endurece y se vuelve desconfiado de todos.

Personalidad-tipo «3»

Para *centrarse* y recobrar el equilibrio, el «3» necesita fomentar y potenciar las cualidades del «6».

Necesita decirse a sí mismo, como el «6»: «¡Soy leal! ¡Hago lo que debo…» Y es que el «3» huye en cuanto barrunta un posible fracaso. Pero, sobre todo, necesita cerciorarse de que va a permanecer fiel a sí mismo y a su esencia, más que a su trabajo y a su rol; fiel a su yo esencial, no a su ego, su imagen y su máscara.

Incluso es bueno que sienta en parte las dudas del «6», que sea capaz de decir alguna vez: «No sé; no estoy seguro...» Esta postura le centra, ya que le acerca a aquello que más trata de evitar: la equivocación y el fracaso.

En cambio, lo que le *descentra* y le hace más compulsivo es el pretender alcanzar un éxito aún mayor, lo cual le hace trabajar más aún, metiéndose más y más en su rol y escondiéndose detrás de su imagen o su máscara.

Su compulsividad puede llegar al extremo de sumirle en un estado depresivo, como si su máquina, en constante actividad, se quemara y apagara sus motores. En este estado, pierde su capacidad organizativa y su eficacia característica. Deja de trabajar y se vuelve indolente, como el «9», añadiendo a su huida del fracaso la huida de toda clase de conflicto, que es lo propio del «9».

Personalidad-tipo «4»

Para *centrarse* o recobrar el equilibrio, el sensible «4» necesita tomar conciencia de los hechos y volverse, como el «1», más concreto y específico, más práctico.

Las cualidades del «1» invitan al «4» a tomar conciencia de su realidad. El «4» necesita salir de su estado depresivo y hacerse tan activo como es el «1».

Necesita además recuperar su energía, su bondad y su búsqueda de la perfección. Tiene que ser capaz de decirse a sí mismo: «¡Soy bueno, soy válido tal como soy, sin necesidad de exagerar mis sentimientos!» Tiene que poner fin a sus lamentaciones y tristezas y dedicarse activamente —como el «1»— a transformar, en la medida de sus capacidades, la realidad y cuanto le rodea, en lugar de vivir lamentando su mala suerte.

Lo que le *descentra*, en cambio, y le hace más compulsivo es el aferrarse de manera compulsiva, como el «2», a los demás; el intentar olvidar y rechazar sus sentimientos, dicidiéndose a sí mismo: «¿Para qué sentir, si nadie me entiende?»; el reprimir sus sentimientos y necesidades, al igual que el «2»; el hacerse el mártir y el sentirse víctima de los demás.

En este estado, se hace aún más melancólico. Además de huir de las tristezas y alegrías sencillas, que es lo propio de su ego, huye —como el «2»— de sus sentimientos y de sentir sus propias necesidades.

Personalidad-tipo «5»

Para *centrarse* y recobrar el equilibrio, el «5» necesita adquirir la fuerza del «8». Le centra el hecho de hacer suya la idealización del «8» («¡Yo puedo!»), que es lo contrario de su postura del «¡no puedo, no valgo!». Lo que necesita decirse es: «¡Yo puedo hacer algo para cambiar esta situación!».

Necesita además encontrar el equilibrio entre el dar y el recibir: en vez de limitarse a absorber y acumular, como una aspiradora, dar y repartir. Necesita recuperar la independencia y autonomía características del «8».

Necesita también ser más asertivo. Para ello le conviene entrar en contacto con su propia autoridad interior y defender aquello en lo que cree y de lo que está convencido: «Sé tu mismo».

El «qué quiero, qué necesito», propio del «8», es ahora tan válido para el «5» como el «qué es lo que pienso, qué es lo razonable». Es como si saliera de la buhardilla en la que está atrincherado, para habitar toda la casa.

El «8» tiende a la acción; el «5» tiende a pensar. Lo que le centra al «5», por tanto, es unir la acción del «8» a su actividad pensante; salirse de su mente y del mundo de sus ideas para ponerse en contacto con sus sentimientos y sus reacciones más intuitivas.

Le conviene también integrarse en el grupo, en lugar de quedarse fuera como mero observador. Es bueno que se dé cuenta de que puede actuar sobre el grupo, influir en él e incluso cambiarlo, y que renuncie a permanecer solo y aislado. Necesita salir de sí, en lugar de replegarse sobre sí mismo.

En cambio, lo que *descentra* al «5» y le hace aún más compulsivo es seguir la dirección de la flecha que le lleva hacia el «7». Si hace semejante cosa, entonces se encierra aún más en sí mismo y se «intelectualiza» todavía más, en lugar de expresar sus sentimientos y volverse activo; se paraliza y se hace incapaz de decidir; no actúa ni se involucra, porque ello puede causarle dolor o sufrimiento. En este estado, añade a su característica huida del vacío esa otra huida, propia del «7», del dolor y el sufrimiento. Lo cual le distancia aún más de sus semejantes y le mantiene alejado del juego de la vida. La huida del dolor —un dolor inevitable para quien se compromete— le hace vivir aislado y solitario.

El «5» tiene que estar dispuesto a equivocarse, a cometer errores, incluso a parecer loco (todo lo contrario de «sabio»), si quiere pertenecer a la raza humana y ser miembro de ella.

Personalidad-tipo «6»

Para *centrarse* o recobrar el equilibrio, el cauteloso y preocupado «6» necesita redescubrir el «laissez-faire» característico del «9». Necesita bajar la guardia, relajarse, dejarse llevar, descansar en los brazos providentes de Dios Padre/Madre, sabiendo que Dios puede querer lo mismo que el «6» desea visceralmente.

Lo que le centra y le calma es, pues, hacer suya la «idealización» del «9»: «¡Estoy a gusto! ¡Estoy en paz!»…

En este estado de tranquilidad, es bueno para el «6» entrar en contacto con su centro visceral y, una vez ahí, en su interior, recobrar su propia autoridad, su propia intuición y sus propias necesidades. Todo lo contrario de su actitud descentrada de mantener las antenas orientadas al exterior para captar mensajes de autoridades externas a él. Necesita ejercer su libre elección; reganar su propia responsabilidad sobre su vida, sin recurrir a la protección de otro aparentemente más fuerte o seguro; vivir sin el temor constante a disgustar a la autoridad y sin el miedo obsesivo de quebrantar la ley y ser «expulsado».

Lo que, en cambio, le *descentra* y le hace aún más compulsivo es unir la actividad del «3» a los miedos e indecisiones de su mente. Alejándose de su yo esencial, se «mete» en su rol o en su trabajo, en el que intenta inútilmente encontrar su identidad. De este modo, lo único que hace es darle vueltas en su cabeza a sus acciones, tratando infructuosamente de encontrar su identidad y su seguridad interior en la acción, en lugar de buscarlas en su propio interior, que es el único lugar donde el «6» podrá hallar lo que verdaderamente desea.

Además de huir de sus miedos característicos, ahora —como el «3»— huye del temor a equivocarse y fracasar, incrementando así aún más su miedo y su preocupación y preguntándose casi obsesivamente: «¿Seré capaz de desafiar al miedo, evitar el fracaso y no equivocarme?».

En este estado, se hace más dogmático, más autoritario e intolerante y más compulsivamente leal.

Si el «6» toma alguna decisión importante en este estado de confusión, puede ser muy peligroso y hasta catastrófico para sí mismo y para quienes le rodean.

Personalidad-tipo «7»

Para *centrarse* o recobrar el equilibrio, el ligero y un tanto superficial «7» necesita redescubrir y fomentar en sí mismo las cualidades del «5»: ser más profundo y más metódico; concretar y sistematizar más todos los planes que bullen en su cabeza. De esta manera, en lugar de quedarse simplemente en planes mentales, el «7» podría enfocar su esfuerzo, encauzar sus energías y llevar sus planes a buen término.

Necesita también la sobriedad, la seriedad y el desprendimiento del «5» para equilibrar su «mariposeo» mental.

Las cualidades del «5» también centran al «7» en el sentido de que le ayudan a «no dejar para mañana lo que puede hacer hoy» y a no abandonar un proyecto, una vez comenzado, hasta haberlo completado. La idealización del «5» («¡Soy un sabio!») constituye una espléndida alternativa al «Soy una veleta» («mariposeo») que refleja la actitud característica del «7».

Lo que, en cambio, *descentra* al «7» es aproximarse lo más posible a las características propias del «1».

Cuanto más descentrado está el «7», más son los planes que hace en su mente para un lejanísimo futuro. Planes «cósmicos» que resultan excesivamente ambiciosos e irreales. Y cuanto más irrealizables son éstos, tanto mayor es la frustración que experimenta, agravada por la misma rabia y enfado que son característicos del «1». La vida no le resulta tan «agradable» ni tan «perfecta» como la había imaginado y planeado; pierde su alegría y su optimismo característicos y se olvida de aparentar que «está O.K.»; y, al igual que el «1», se vuelve crítico, irónico y resentido.

Lo mismo que el «1», también él trata de huir de su rabia y enfado, añadiendo esta huida a la característica huida suya del dolor y el sufrimiento.

En esta situación, sería más saludable que el «7» expresara su enfado y frustración y que, a pesar del dolor que ello pueda causarle, se pusiera en contacto con la realidad y comprendiera lo irreal de sus planes para el futuro.

Personalidad-tipo «8»

Para *centrarse* o recobrar el equilibrio, el fuerte y duro «8» necesita fomentar las cualidades del «2», sobre todo la ternura y gentileza que tan celosamente esconde en su interior.

El equilibrio de estas cualidades lo expresó admirablemente Francisco de Sales: «tierna fortaleza y fuerte ternura».

El «8» necesita utilizar toda su fortaleza a favor y al servicio de los demás, tal como hace el «2», y no en contra de los demás. Necesita poder decir: «soy capaz de ayudar», «soy capaz de dar»… Dar, en lugar de absorberlo todo para sí; construir el grupo o la comunidad, en vez de demolerlos.

Cuando el «8» consigue centrarse de este modo, puede ser tan excelente amigo y consejero y ayudar tanto como el «2». Su elevado sentido de la justicia le hace ser muy objetivo.

Lo que le *descentra*, en cambio, y le hace aún más compulsivo es asemejarse al «5», porque entonces utiliza su fuerza y su poder con menor eficacia y con mayor compulsividad. Lo cual le hace sentirse débil e impotente… y rendirse, encerrándose en sí mismo —como el «5»— y volviendo contra sí toda su fuerza, a fin de auto-castigarse. Lógicamente, se vuelve depresivo y llega incluso a considerar la posibilidad del suicidio.

Se aplica a sí mismo su venganza —auto-castigo— por su injusticia e insensibilidad y, al igual que el «5», emplea su cabeza para efectuar dicha venganza. Huye no sólo de su ternura, que él considera más que nunca como debilidad, sino también del vacío característico del «5». Se vuelve aún más intenso y lúbrico, para llenar así su vacío existencial.

En suma, al «ir en contra» añade el «huir de»; sustituye el «ir hacia» por el «irse de», perdiendo aún más el rumbo.

Personalidad-tipo «9»

Para *centrarse* o recobrar el equilibrio, el «9» necesita ponerse en acción, como el «3». Necesita hacer suya la idealización de éste («¡tengo éxito!»; «¡soy eficaz!»...), en lugar de estar siempre diciendo: «¡qué más da...!»; «yo no importo...»; «yo no cuento para nada...»

Necesita saberse importante y convencerse de que tiene éxito como miembro de un equipo o de un grupo; necesita saber a ciencia cierta que su contribución también «cuenta».

La capacidad organizativa del «3» le ayuda a ponerse en acción, encauzando y enfocando así sus energías.

El «9» necesita caer en la cuenta de que la solución a sus problemas ha de encontrarla dentro de sí, no fuera. Entonces dejará de andar en busca de «gurús», maestros y orientadores.

Lo que, en cambio, le *descentra* y le hace perder contacto aún más compulsivamente con su esencia es añadir a sus propias características la compulsividad del «6». Entonces, por una parte, duda aún más de sí mismo, se preocupa excesivamente y se vuelve todavía más indeciso; por otra, se convierte en un individuo super-fiel, super-cumplidor y super-responsable, con el peligro de hacerse dogmático y hasta fanático.

En esta situación, el «9» huye no sólo de todo cuanto pueda resultar conflictivo, sino también del miedo —como hace el «6»—, haciéndose aún más pasivo y «aletargado» e insistiendo en repetirse a sí mismo: «¡qué más da...!»; «¿de qué vale...?»

En suma, se vuelve aún más «dejado» e indolente consigo mismo y con los demás, posponiéndolo todo para un «mañana» que nunca parece llegar.

19
La integración del centro emocional

La integración del centro emocional se produce cuando la «cualidad esencial» sustituye a la «pasión del ego» (la «cualidad esencial» es el estado emocional que fluye espontáneamente del yo esencial cuando la persona vive centrada).

Recordemos que, cuando hablábamos de las pasiones de los nueve egos, decíamos que la pasión es el tono emocional dominante en la persona descentrada o sometida a la compulsividad de la idealización de su ego. Y recordemos también que, al ser la idealización una premisa falsa, el comportamiento que procede de ella resulta compulsivo, y el tono emocional descentrado.

Al estado emocional contrario a la pasión lo denominaremos la «cualidad esencial». Como fácilmente se puede deducir, el tono emocional de la cualidad esencial es agradable y positivo: todo lo contrario de lo que ocurre con la pasión.

Figura 18: Las nueve cualidades esenciales.

«1». Cualidad esencial: la serenidad

La serenidad fluye espontáneamente del yo esencial del perfeccionista «1» cuando, ya centrado, reconoce que la divina perfección existe y está ya presente en el aquí y ahora, y que todo el universo y cada uno de los seres vivientes, en su esencia, participan ya de esa perfección.

El perfeccionista «1» puede entonces abandonar su estado emocional de continua tensión y frustración, ante lo inalcanzable de su ideal de perfección, y descansar sereno en la seguridad de que el proceso hacia su propia perfección, la de los demás y la del universo está en marcha. Puede descargarse del gran peso de sentirse responsable de alcanzar la perfección propia y de los demás.

«2». Cualidad esencial: la verdad/liberdad

La libertad fluye espontánea cuando el compulsivo «dador» que es el «2» reconoce su verdad sin necesidad de sentirse superior ni inferior. Reconocer la propia verdad significa ser consciente de las propias necesidades, capacidades y limitaciones. En este caso, el «2» reconoce lo que es y lo que es capaz de dar; y acepta lo que no es y lo que no es capaz de dar.

Ayuda, se da y se entrega a los demás en la medida en que éstos realmente lo necesitan, dejando de lado todos los sentimientos de superioridad de su ego.

Su postura veraz excluye todo deseo de control, de dependencia y de manipulación de los demás.

La verdad que le hace libre sustituye a todo falso sentimiento de superioridad.

«3». Cualidad esencial: la autenticidad

La autenticidad y la sinceridad fluyen espontáneas cuando el «3» acepta su propia realidad interior (quién es verdaderamente, sin máscaras ni roles añadidos): «Soy el que soy, y no tengo por qué dar una falsa imagen ni esconderme detrás de ningún rol. Valgo por lo que soy, no por lo que hago ni por mis logros y éxitos».

La autenticidad, que es una, simple y coherente, sustituye a la duplicidad característica del ego «3».

Ahora, ya centrado, el «3» es una persona que trabaja, en lugar de ser él su trabajo; ahora hace y controla su tarea, en lugar de vivir —como antes— controlado por ella.

«4». Cualidad esencial: la ecuanimidad

La ecuanimidad, que es equilibrio y estabilidad, fluye espontánea cuando el «4» vive centrado en el momento presente, sin echar de menos ningún «paraíso perdido» ni soñar con un «nirvana» futuro.

La ecuanimidad fluye también de la aceptación de los propios talentos y capacidades, sin anhelar ni envidiar los de los demás.

La ecuanimidad, como respuesta emocional adecuada al estímulo, sustituye a las respuestas emocionales exageradas y excesivas, tan características del ego «4».

«5». Cualidad esencial: el desapego

El desapego, o desprendimiento, constituye la cualidad esencial del «5» y sustituye a la obsesión compulsiva de acumular, característica de su ego.

El amor y los sentimientos, al igual que los conocimientos y la sabiduría, fluyen a través del «5» cuando éste, una vez centrado, es capaz de tomar sólo aquello que realmente necesita, dando y repartiendo lo que otros puedan necesitar y él no.

La energía se transmite a los demás a través de su yo esencial. No siente ya la necesidad de esconderse para no ser visto, ni necesita proteger su anonimato ni defender su privacidad. Y, sobre todo, no necesita tener todos los datos antes de participar o compartir sus sentimientos.

«6». Cualidad esencial: la seguridad

El medroso y dubitabundo «6» recobra la seguridad en sí mismo cuando reconoce y acepta la propia responsabilidad sobre su existencia. La constante dualidad valentía/temor ya no es cuestión de vida o muerte para el yo esencial del «6»; ya no tiene que esforzarse por conseguir ser valiente.

La valentía es el impulso natural del organismo a preservar y conservar la propia vida y a realizar su esencia. Pues bien, la seguridad y la valentía fluyen espontáneamente cuando el ego «6» reconoce que cada cual es capaz de realizar su esencia sin que todo tenga que constituir una constante y temible amenaza.

«7». Cualidad esencial: la sobriedad

La sobriedad, como cualidad esencial, fluye espontáneamente cuando el «7» vive en el momento presente, sin proyectarse a un idílico y más feliz futuro.

Ahora, ya centrado, comprende que la felicidad se obtiene paso a paso, no de golpe y ávidamente, ni tampoco a base de hacer planes para el futuro. La «glotonería» o avidez propia del ego «7» es sustituida por el sentido de la proporción y la medida, por la sobriedad. Y así conoce y saborea ya qué es lo que necesita para vivir, sin necesidad de amontonar y acaparar.

«8». Cualidad esencial: la inocencia

La palabra castellana «inocencia» proviene del latín «in-nocens», que significa inocuo, no-dañino. La inocencia («¡La realidad no me hará daño!») sustituye al temor o sospecha de ser agredido, característico del «8».

La inocencia supone un cambio de actitud: de vivir a la defensiva, por temor a ser agredido, a vivir la realidad experimentando cada momento como algo nuevo, fresco y sin maldad, que ni me hiere ni tiene por qué herirme.

La inocencia supone también vivir el aquí y ahora con la espontaneidad y la simplicidad propias del niño; es transparencia y capacidad de sorprenderse ante lo nuevo. Entonces se expresa el amor como respuesta, casi infantil, al momento presente, sin pre-juicios acerca de cómo «deben ser las cosas. Cede la agresividad característica del ego «8»: ¿por qué voy a hacer daño a alguien o por qué alguien va a querer hacerme daño a mí?

«9». Cualidad esencial: la acción

La acción es la actitud normal de la persona «en sintonía» con su propia energía y la energía del mundo; sólo el indolente ego «9» vive inactivo tratando de no gastar su energía. El ser es activo por naturaleza.

La acción fluye espontánea y natural del deseo de la persona de funcionar armónicamente con su entorno; fluye de la propia esencia, y lleva a hacer lo que sea necesario para desarrollar ésta, evitando las interferencias por parte del ego «9», que tiende compulsivamente a la indolencia y la pasividad.

20
La integración del centro intelectual

La integración del centro intelectual se produce cuando la «idea sana» sustituye a la «idealización del ego».

Los seres humanos deseamos ser coherentes con nosotros mismos en nuestros comportamientos. Por mi profesión, soy testigo privilegiado de este deseo de coherencia. Pero a veces nuestra supuesta coherencia interior produce resultados incoherentes. Lo que ha de hacerse en estos casos es detener la acción y dar «marcha atrás» para descubrir la primera «premisa» que puso en funcionamiento tal acción o comportamiento. Así descubriremos que lo equivocado es precisamente esa premisa desencadenante. Por consiguiente, lo esencial para corregir el comportamiento es cambiar o corregir dicha premisa.

Las nueve «idealizaciones del ego» son otras tantas maneras de distorsionar la percepción de la realidad. Es decir, son nueve premisas equivocadas que dan origen a otros tantos comportamientos compulsivos, o «fijaciones».

Ya hemos visto en el capítulo 18, dedicado a «la integración del centro visceral», la manera de centrar las nueve fijaciones. Pues bien, otra manera de lograr esta sanación o integración consistiría en cambiar las nueve «idealizaciones» del ego por nueve «ideas sanas» o premisas verdaderas.

Con un lenguaje muy propio del Islam, el Enneagrama denomina «ideas santas» a estas premisas. Yo prefiero llamarles «ideas sanas» o «integradoras».

Estas nueve «ideas sanas» son otros tantos psicocatalizadores que hacen que las nueve maneras incorrectas o desenfocadas de percibir la realidad a través de las «idealizaciones» sean sustituidas por nueve percepciones correctas o sanas de la misma realidad.

Podríamos comparar las «idealizaciones» del ego a unas lentes incorrectas que distorsionan nuestra visión, mientras que las «ideas sanas» serían unas lentes bien graduadas que nos hacen percibir la realidad no distorsionada, sino como realmente es.

Las nueve «idealizacones» y las nueve «ideas sanas» corresponden, por tanto, a dos formas distintas y hasta opuestas de ver la misma realidad.

Tony de Mello lo expresa del siguiente modo: «Lo que necesitas para liberarte es darte cuenta de tu programación y de las premisas falsas en que apoyas tus acciones».

Vamos a ver a continuación las nueve «ideas sanas» o premisas correctas que, en el camino hacia la integración, deberían sustituir a las idealizaciones de cada uno de los nueve diferentes «egos».

Es ahora cuando más potente se nos hace la dimensión transpersonal o transcendente del Enneagrama. Veíamos en la Introducción que la circunferencia, figura geométrica perfecta, representa para los maestros sufíes la divinidad. Ahora vamos a ver más detenidamente el nombre que cada uno de los nueve tipos da a la circunferencia como representación de su «dios» personal.

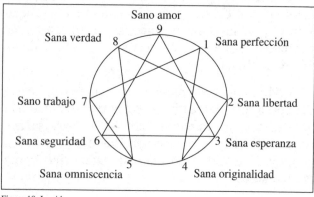

Figura 19: Las ideas sanas.

Tipo «1»: la sana perfección

La personalidad-tipo «1» denominaría a la circunferencia «la perfección», y su dios sería el perfecto o, mejor aún, la Perfección misma, principio y fin a la vez de toda perfección.

La realidad está en proceso y con una dirección y un objetivo concretos: la perfección. Este proceso sigue unas leyes perfectas, cuyo origen y cuya meta es la perfección. Una perfección de la que también participa el propio proceso, por lo que podemos decir que cada momento de la realidad también es perfecto: la realidad es lo que debe ser.

Sólo el ego «1» no es perfecto, porque está fuera de la realidad, ya que «crea» la «ilusión», falsa imagen o percepción equivocada de que ni él mismo ni los demás ni el resto de la creación son perfectos.

El ego «1» está ciego o es incapaz de ver la perfección ya existente. De ahí —de esa falsa percepción— brota su «pasión» de enfado y resentimiento, por no ser capaz de percibir esa perfección.

Cuando el «1» capta que la Perfección existe y que todos y cada uno, así como la propia realidad, participamos —«ya, aunque todavía no» del todo— de ella, entonces puede gozar de la *serenidad*. Una serenidad que es paz, descanso, alivio, descarga, integración..., porque ha caído en la cuenta «visceralmente» de que su yo esencial ya es en cierta manera perfecto, y de que únicamente su ego le hacía detectar compulsivamente la imperfección.

Tipo «2»: la sana libertad

La personalidad-tipo «2» denominaría a la circunferencia «la libertad», y su «dios» sería la no-dependencia.

La sana libertad es la consciencia del yo esencial del «2» de que, entre las leyes que rigen el cosmos, existe una «ley de la complementariedad» por la que las necesidades de todos y cada uno de los individuos que formamos este universo hallarán satisfacción.

El engaño de su ego llevaba al «2» a un sentimiento de superioridad por el hecho de creerse él exento de esa «ley de la complementariedad» y sentirse responsable de satisfacer las necesidades de los demás.

Para el «2» resulta liberador el caer en la cuenta de sus propias necesidades y saber que éstas encontrarán satisfacción en la mencionada «ley de la complementariedad», de la que ni él ni nadie puede escapar.

Caer en la cuenta de sus propias necesidades y de la posibilidad de que éstas se vean satisfechas, es parte del proceso que, por una parte, libera al «2» de depender excesivamente de la aprobación de los demás y, por otra, le permite vivir, desde su yo esencial, en la libertad de las leyes cósmicas, en especial la «ley de la complementariedad».

Tipo «3»: la sana esperanza

La personalidad-tipo «3» denominaría a la circunferencia «la esperanza», y su «dios» sería un dios que invita e infunde esperanza.

Esperanza, en el sentido de seguridad absoluta de que hay unas leyes naturales y objetivas que mantienen el universo y hacen que funcione como un todo unificado e interrelacionado; y seguridad, además, de que esas leyes habrán de mantenerse, por lo que no tiene sentido la preocupación del ego «3» acerca de si el mañana obedecerá también a dichas leyes.

Es el ego «3», buscador incansable de la eficacia, el que no funciona según estas leyes, porque trata de mantenerse ajeno y al margen de ellas.

Cuando el «3» logra centrarse, su yo esencial descansa en la *esperanza* de que todo el cosmos funciona de acuerdo con unas leyes naturales y cósmicas, y que habrá de seguir funcionando así, porque el yo esencial del «3» sabe «visceralmente» que el universo funciona independientemente de su personal eficacia.

Tipo «4»: la sana originalidad

La personalidad-tipo «4» denominaría a la circunferencia «la originalidad», y su dios sería la originalidad misma, lo totalmente único, singular e irrepetible.

La originalidad o singularidad de cada individuo está precisamente en su participación en esta divina originalidad.

Todo ser es real, único, original e irrepetible, ya en el aquí y ahora, porque participa ya de la originalidad del Ser original por esencia. Ésta es la perspectiva auténtica del yo esencial del «4».

Sólo el ego «4» se sentía incompleto e inauténtico; por eso buscaba ser real y auténtico en un paraíso perdido, en una integridad futura, o anhelando ser como los demás, a los que percibe como originales, únicos e irrepetibles, porque todos lo somos. Pero no es así como se ve el ego «4», porque se ha separado de su esencia y vive desgajado de su yo esencial, buscando su originalidad y singularidad perdidas. Todo esto es una ilusión mental de su ego.

Tipo «5»: la sana omnisciencia

La personalidad-tipo «5» denominaría a la circunferencia «la omnisciencia», y su «dios» sería la ciencia, el conocimiento, la sabiduría.

Todo individuo forma parte integrante de un cosmos, y el sentimiento de separación y de ser ajeno a ese cosmos constituye una alienación mental característica del «5», cuya avaricia o necesidad de acumular se debe precisamente a ese sentimiento.

La salud del «5» consiste en involucrarse en la vida y vivirla plenamente. Lo cual surge espontáneamente cuando el «5» vive convencido de que las leyes cósmicas gobiernan todos y cada uno de los aspectos de la vida, sin que sea posible eludirlas.

La salud del «5» radica también en la consciencia de que Dios es el Omnisciente, el que lo conoce todo, y que su conocimiento es comprensivo y misericordioso. Ante la experiencia de Dios como conocimiento comprensivo y misericordioso, resulta innecesario el deseo del ego del «5» de ser invisible y permanecer en el anonimato; se esfuma su deseo de no involucrarse.

Tipo «6»: la sana seguridad

La personalidad-tipo «6» denominaría a la circunferencia «la seguridad», y su «dios» sería precisamente esa seguridad tan deseada y buscada por él.

La seguridad que experimenta el «6», cuando logra centrarse, es fruto de la constatación de que su yo esencial viene de Dios, es parte de Dios y aspira a unirse a Dios. En este estado, el «6» siente que pertenece a Dios; mejor dicho: que su yo esencial es parte de Dios. De este modo recobra su seguridad interior y su autoridad propia.

Ya no experimenta el universo como algo extraño, amenazador y hostil: esta percepción, así como el miedo y las dudas que le acompañaban, era una falsa ilusión de su «ego». Ahora, una vez centrado, el yo esencial del «6» sabe que nada de afuera, ni siquiera la muerte física, puede herir su esencia. El cosmos ya no es amenazador, sino que se halla en un estado de equilibrio en el que cada persona puede vivir en armonía y en paz, construyendo día a día su propia integración, unificación y realización personal.

Tipo «7»: el sano trabajo

La personalidad-tipo «7» denominaría a la circunferencia «el trabajo», y su «dios» sería el eterno presente.

La sanación intelectual del «7» consiste en vivir el momento presente sin eludir nada de lo que el presente tiene de desagradable y sin tratar de huir a un futuro que imagina más placentero. Una vez sanado, el «7» experimenta la realidad como una sucesión de momentos presentes.

La creencia de que la felicidad existe en un estado futuro es una falsa ilusión del ego del «7». Su yo esencial cree que la felicidad consiste en vivir y trabajar en el momento presente.

La ilusión de su ego llevaba al «7» a la «glotonería», pensando que sus planes y aspiraciones podría lograrlos sin trabajo. Una vez centrado, sabe que cada individuo tiene su lote de trabajo personal y social.

Tipo «8»: la sana verdad

La personalidad-tipo «8» denominaría a la circunferencia «la verdad», y su «dios» sería la justicia que es esa verdad.

La sana verdad es la consciencia de que el cosmos existe ya ahora objetivamente, sin los prejuicios que hacían pensar al ego del «8» cómo debían ser las cosas y cómo debían suceder los acontecimientos.

Cuando el buscador de la justicia se da cuenta de que su esencia y la de los demás se desarrollan de acuerdo con unas leyes cósmicas verdaderas y justas, entonces se siente al fin satisfechyo y en paz. La verdad y la justicia fluirán de manera natural del curso de los acontecimientos.

El pensar de otro modo era una falsa ilusión del ego del «8» que daba origen a su pasión por exceso, ya que el ego siente que tiene que obrar para conseguir lo que merece, y que también tiene que trabajar para que las personas y las cosas sean como deben ser.

Una vez centrado, el «8» sabe que la venganza y la represalia son innecesarias. El universo puede cuidar de sí mismo por sí solo; no le corresponde a él —al «8»— hacer justicia.

Tipo «9»: el sano amor

La personalidad-tipo «9» denominaría a la circunferencia «el amor», y su «dios» sería un dios-amor. La creación tiene un propósito, un destino y un objetivo regidos por leyes amorosas. En la creación, todos y cada uno de los individuos contamos y somos tenidos en cuenta. El amor fluye tan espontáneo y natural como la misma respiración.

El ego del «9», en lugar de vivir en el amor, vivía en la indolencia; no quería hacer nada por sí ni para sí; tampoco por ni para los demás.

Una vez centrado, el yo esencial del «9» vence su indolencia y elimina el sentimiento de aislamiento o separación.

El amor comienza cuando, al contemplar la naturaleza, el «9» exclama: «¡Gracias!». En ese momento se da cuenta de que existe un Espíritu que cuida del universo y que es el principio del amor en todas las cosas.

El ego del «9» le hacía buscar a alguien que lo amara, para, de ese modo, sentirse «amable», es decir, digno de ser amado.

Una vez centrado, el yo esencial del «9» se experimenta a sí mismo «amable», amado y capaz de amar por naturaleza; ha dejado de hacer algo tan característico suyo como era el infravalorarse.

21
El yo centrado:
cualidades típicas del yo centrado

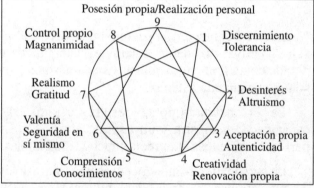

Figura 20: Cualidades típicas del yo centrado.

22
Características
del yo esencial centrado

Cuando está *centrada*, la personalidad-tipo «1» resulta objetiva, razonable, tolerante, disciplinada y dotada de un gran autocontrol. Es además una persona concienzuda y tenaz.

La personalidad-tipo «2» resulta tener una gran capacidad de empatía y un enorme altruismo. Es persona bondadosa y aprecia mucho a los demás.

La personalidad-tipo «3» posee una fuerte dosis de autoestima, una gran adaptabilidad y una profunda confianza en sí misma.

La personalidad-tipo «4», sensible y creativa y con una gran honestidad emocional, une a su profunda conciencia de sí una notable capacidad de sentir con los demás.

La personalidad-tipo «5», sumamente comprensiva, posee una aguda visión y una gran capacidad de «insight». Posee grandes conocimientos y sabe involucrarse o comprometerse, cosa de la que no era capaz antes de «centrarse».

La personalidad-tipo «6» es una persona muy leal, cumplidora de sus deberes y fiel a sus amistades y compromisos. Persona dedicada y entregada, es muy buena colaboradora y de absoluta confianza.

La personalidad-tipo «7» se caracteriza por su entusiasmo y su alegría. Muy agradecida, es a la vez práctica y productiva, en contra de lo que le ocurría antes de «centrarse».

La personalidad-tipo «8» posee una gran magnanimidad, es muy decidida y valiente y tiene una gran seguridad en sí misma.

La personalidad-tipo «9» se posee y se acepta a sí misma. Es receptiva y paciente, muy ecuánime y, sobre todo —en agudo contraste con su anterior situación de «descentramiento»—, muy consciente de su inconsciente.

23
Mi mejor contribución a los demás cuando estoy «centrado»

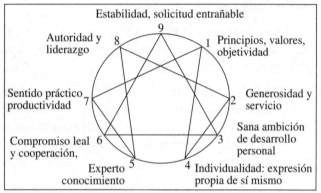

Figura 21: Mi mejor contribución a los demás cuando estoy "centrado".

24
Breve descripción
de los nueve tipos «centrados»

Personalidad-tipo «1»

Son muy trabajadores; no escatiman esfuerzos. Desean mejorar todo su entorno, y así lo intentan, haciendo que todo sea más agradable. Ordenados, honrados y directos, quieren ser justos con todos y tratar a todos por igual, sin preferencias ni distinciones. Desean ser auténticos y que lo sean los demás.

Personalidad-tipo «2»

Son sensibles y bondadosos, se ocupan de los demás y están dispuestos a sacrificarse por otros. Valoran mucho las relaciones interpersonales; son tiernos, cariñosos y afectivos; tratan por todos los medios de que te sientas a gusto con ellos; desean que los demás se sientan queridos.

Personalidad-tipo «3»

Poseen una gran capacidad de organización. Saben con claridad cuáles son sus objetivos y logran alcanzarlos. Trabajan muy bien en equipo y saben alentar a los componentes del mismo, contagiando a quienes trabajan con ellos. Como son muy objetivos, pueden ser buenos consejeros y ayudar a otros a organizar sus vidas según sus ideales.

Personalidad-tipo «4»

Son individuos muy atrayentes. Debido a su sensibilidad, comprenden muy bien a los demás. Ya que ellos se sienten incomprendidos, quieren que los demás no sufran como ellos. Su sentido de la estética ayuda a quienes les rodean a apreciar la belleza. Tienen buen gusto y son educados.

Personalidad-tipo «5»

Son muy perceptivos: se dan cuenta de cuanto ocurre a su alrededor. No ejercen la crítica negativa: las cosas no están bien o mal; todo es interesante de conocer. Ávidos de saber, no se cansan de conocer cosas nuevas. Saben escuchar muy bien a los demás y suelen ser inteligentes y despiertos.

Personalidad-tipo «6»

Son muy acogedores y leales. Viven totalmente entregados a su familia, grupo o causa. Tienen un gran compañerismo y son muy fieles a sus amigos.

El grupo es para ellos muy importante, y saben sacrificarse por él. Cuando el trabajo o lo que se espera de ellos está bien definido, son muy entregados y puntuales y dedican a su trabajo más tiempo del que se les exige.

Personalidad-tipo «7»

Son verdaderamente capaces de disfrutar y de hacer que los demás disfruten. Poseen un optimismo que saben contagiar a los demás para conseguir que sean felices.

Personalidad-tipo «8»

Son individuos dotados de una gran energía y que ponen un enorme celo en cuanto realizan. Debido a su sentido de la justicia, son muy objetivos y pueden ser excelentes amigos y consejeros.

Personalidad-tipo «9»

Con su sola presencia logran pacificar a los demás. Valoran tanto la paz y la armonía que consiguen contagiarlas. Son buenos árbitros en los conflictos y muy capaces de propiciar la reconciliación. Al ser sumamente imparciales, saben tener siempre en cuenta los puntos de vista de todos, incluso los más opuestos. Son pacíficos y pacificadores.

25
Una ayuda para «centrarme»

Diario de aquello de lo que huyo. (Convendría leer el capítulo 4 —«Mi ego huye de...»—, porque el diario, para que me ayude a crecer, ha de versar precisamente sobre aquello de lo que huyo, para que, al tener que escribirlo, me haga consciente de ello y no siga evitándolo).

El Enneagrama sugiere a cada personalidad que se haga consciente, mediante un diario, de un punto de crecimiento. A título de ejemplo, ofrecemos algunas sugerencias:

1. Diario de mis enfados, rabias y «pataletas».

2. Diario de mis necesidades personales.

3. Diario de mis fracasos.

4. Diario de mis pequeñas alegrías y tristezas.

5. Diario de mis vacíos. ¿Qué vacío me «mueve»?

6. Diario de mis rebeldías y «delincuencias».

7. Diario de mis dolores, penas y tristezas.

8. Diario de mi inocencia, vulnerabilidad y sensibilidad.

9. Diario de mis conflictos.

26
El Sufismo.
Una enseñanza mística de Unidad

Es posible que para muchos el Enneagrama sea su primer contacto con el Sufismo. Por eso parece interesante aclarar algunos conceptos al respecto.

Al igual que el Yoga, el Sufismo es un legado que unos seres sumamente evolucionados han dejado a la humanidad. El Sufismo no es una secta ni una religión, ni está sujeto a ningún dogma. Sus signos característicos se remontan al menos a dos siglos antes de Cristo, aunque su mayor impacto en la civilización se produjo entre los siglos VIII y XVIII, en que produjo grandes maestros y poetas. Su formación, como en el caso del Yoga, se basa en la experiencia y no en argumentos filosóficos.

La antiquísima teoría de la evolución del hombre proviene del Sufismo, que crea la palabra «alquimia» para referirse a la transformación interior, aunque luego sería aplicada a la transformación en oro de otros metales.

Por ser un producto del Islamismo, se suele atribuir al Sufismo una connotación oriental; sin embargo, pertenece tanto al Este como al Oeste.

Las expresiones más nobles del arte y la arquitectura árabes pertenecen al Sufismo, que ha proporcionado a la humanidad una verdadera pléyade de poetas, así como sabios tan conocidos como Averroes, el filósofo hispano-árabe del siglo X.

Las técnicas de trabajo sufíes tienden al desarrollo de nuestra zona expansiva amorosa, hasta llegar a la plenitud de nuestro ser; por eso la música constituye uno de sus soportes básicos, al igual que la danza y otras formas de expresión corporal que desbloquean nuestras tensiones. (Ejercicios practicados con movimientos muy lentos y coordinados con la respiración, a fin de ampliar nuestra consciencia y el *ziker* —Mantra— que detiene nuestro flujo mental).

Una característica de los sufíes es su sentido práctico de la vida, así como el desarrollo de la inteligencia intuitiva y amorosa.

En el siglo X nació en la España morisca la más poderosa escuela sufí clásica, produciendo figuras como el gran poeta Ibn El Arabí, considerado como el mayor poeta amoroso del mundo.

Epílogo

Ahora que has terminado la lectura de este libro, te sugiero, lector, que no te des por satisfecho con ello, como si se tratara de uno de tantos libros sobre superación y mejora personal.

La lectura de este libro es el inicio de un camino al interior de ti mismo.

No vivimos aislados en este mundo. Seguramente deseas compartir tus descubrimientos con otras personas que también lo hayan leído (Te recuerdo que, muy al principio, decía que el Enneagrama, hasta hace muy pocos años, llevaba veinte siglos transmitiéndose oralmente). Hay un aspecto vivencial del Enneagrama que no se puede transmitir por escrito, sino que debe vivirse en compañía, en un pequeño grupo de personas que hayan sentido la misma necesidad de profundizar en su interior.

Trimestralmente, organizamos grupos de 20 a 25 personas que compartimos juntas, de manera vivencial y totalmente voluntaria, nuestra búsqueda personal para ayudarnos unas a otras En un ambiente sereno y tranquilo, con un profundo respeto por el ritmo y el modo peculiar de ser de cada uno, nos adentramos en el proceso de auto-observación.

Te animo a que no te quedes en la mera lectura del libro y a que te decidas a hacer un curso que, más que «curso», es una «vivencia». La experiencia ha de resultarte ciertamente interesante y enriquecedora.

Aunque requiera una profundización muy personal, es esencial a la sabiduría del Enneagrama compartir con otros la búsqueda y el descubrimiento de ese yo auténtico que la luz del Enneagrama nos brinda.

¿En qué consiste esta vivencia del Enneagrama? Nos reunimos un grupo no superior a 25 personas durante once sesiones semanales de dos horas de duración. Siguiendo el talante oriental propio del Enneagrama, y después de una breve exposición, vamos profundizando y descubriendo en grupo nuestra personalidad-tipo.

Hay dos niveles: el primero es una introducción al Enneagrama que sirve para que identifiques tu personalidad-tipo y sepas qué debes hacer con dicho conocimiento, al objeto de vivir más plenamente desarrollando tu modo concreto de ser. El segundo nivel es de una mayor profundización, y en él se tocan aspectos que no aparecen descritos en este libro.

Para quienes lo deseen, se forman «grupos de apoyo» o de «seguimiento», con reuniones quincenales en las que se sigue trabajando en el propio crecimiento e incluso se resuelven conflictos y dificultades que se nos presentan en la vida diaria, siempre con la luz que aporta la sabiduría del Enneagrama.

Para consulta personal o para mayor información sobre estos cursos, dirígete a:

Maite Melendo
Centro de Comunicación e Integración Personal
ENNEAGRAMA
Apartado de Correos 29062
28080 Madrid
Tfno. y Fax: (91) 766 06 30
E-mail: maitemelendo@telefonica.net
http://www.enneagrama.com

Espero con ilusión seguir profundizando en el Enneagrama con los lectores de este sencillo libro y con todos aquellos que llevamos ya años reuniéndonos. Juntos podremos ahondar más y más en este camino interminable del propio conocimiento personal, de la mano y bajo la guía del Enneagrama.

***

Desde 1993, en que se publicó la 1ª edición de este libro, hasta hoy, han sido muchos los cursos que he impartido. He ido recogiendo testimonios escritos de los participantes en los cursos y de mis clientes de psicoterapia. A algunos –representativos claros de las nueve personalidades– les he pedido una colaboración aún más directa. Con todo ello he escrito –«hemos escrito», pues sin tantas y tan generosas aportaciones no habría podido salir a la luz– *Vivencias desde el Enneagrama* (Ed. Desclée de Brouwer, Col. «Serendipity Maior»).

Este segundo libro es continuación del que tienes en tus manos y en el cual, a través de la descripción de las nueve personalidades, has podido descubrir la tuya. ¡Así lo espero! Ahora, ya que conoces tu personalidad, te recomiendo la lectura de *Vivencias...*

Si en el presente libro he descrito una teoría, ilustrándola con ejemplos, en *Vivencias...* recojo ejemplos, vivencias personales de cada una de las nueve personalidades, para ampliar y clarificar el camino de sanación, que tan brevemente quedaba apuntado en el primer libro.

En la lectura de *Vivencias...* te identificarás con muchos de los casos y situaciones que otros han vivido y relatan generosamente para que te ayuden a crecer y a mejorar la calidad de tus relaciones interpersonales a la luz de la sabiduría del Enneagrama; recordarás tus nociones básicas al respecto y, sobre todo, podrás tomarte el pulso acerca del impacto que el Enneagrama, como camino de crecimiento personal, tuvo y tiene en ti.

Con este nuevo libro te sentirás acompañado por otros tantos –hombres, mujeres, jóvenes...– que desean crecer y mejorar como personas y que han encontrado en el Enneagrama un camino, un medio para lo esencial: SER y AMAR. Espero realmente que disfrutes de su lectura.

Maite Melendo
Mayo 1999

Bibliografía

Beesing, M. –Nogosek, R.J. – O'Leary, P.H., *El Enneagrama. Un camino hacia el autodescubrimiento,* Narcea, Madrid 1992.

Gallen, M.A. – Neidhardt, H., *El Enneagrama de nuestras relaciones,* Desclée de Brouwer, Bilbao 1997.

Pangrazzi, A., *El Enneagrama. Un viaje hacia la libertad,* Sal Terrae, Santander 1997.

Riso, D.R., *Descubre tu perfil de personalidad en el Enneagrama,* Desclée de Brouwer, Bilbao 1995.

Rohr, R., *Enneagrama y crecimiento espiritual,* Ppc, Madrid 1995.

Rohr, R. – Ebert, A., *El Enneagrama. Los nueve rostros del alma,* Edicep, Valencia 1989.

Zuercher, S., *La espiritualidad del Enneagrama. De la compulsión a la contemplación,* Narcea, Madrid 1996.